Kathrin Döring

10.000 Gründe glücklich zu sein

Kathrin Döring

10.000 Gründe glücklich zu sein

mvgverlag

Bibliografische Information der Deutschen Nationalbibliothek:
Die Deutsche Nationalbibliothek verzeichnet diese Publikation in der Deutschen Nationalbibliografie; detaillierte bibliografische Daten sind im Internet über http://d-nb.de abrufbar.

Für Fragen und Anregungen:
doering@mvg-verlag.de

1. Auflage 2013

Nymphenburger Straße 86
D-80636 München
Tel.: 089 651285-0
Fax: 089 652096

Umschlaggestaltung: Pamela Günther, München
Umschlagabbildung: iStockphoto
Abbildung Innenteil: iStockphoto
Satz: Georg Stadler, München
Druck: CPI – Ebner & Spiegel, Ulm
Printed in Germany

ISBN Print 978-3-86882-472-8
ISBN E-Book (PDF) 978-3-86415-509-3
ISBN E-Book (EPUB, Mobi) 978-3-86415-510-9

Nichts beschäftigt uns wohl so sehr wie das Glück. Unzählige Gedichte, Bücher und Lieder wurden über die Suche danach geschrieben, denn am meisten denken wir vermutlich über das Glück nach, wenn es uns fehlt. Was aber ist Glück überhaupt, wie lässt es sich greifen? Was braucht der Mensch, um glücklich zu sein? Je nach Sichtweise fällt die Antwort anders aus. Wahr ist wohl: Er braucht eigentlich nicht viel. Denn in der Theorie ist uns allen durchaus bewusst, dass das Glück nicht (nur) in den großen Dingen, sondern vor allem in den Kleinigkeiten zu finden ist: in der Hilfsbereitschaft eines Fremden, in einem Sonntagnachmittag voll Sonnenschein, in der Umarmung eines Kindes. In der Praxis aber schauen wir im Alltag einfach nicht genau hin, wir sind gehetzt und gestresst und vergessen auf dieses kleine Glück, das wir immer direkt vor der Nase haben. Dieses Buch will genau das verhindern und Sie daran erinnern, dass Sie das Glück gar nicht suchen müssen – weil es schon da ist. 10 000 Dinge, die glücklich machen, sind eine Anregung, sich Zeit zu nehmen, die Schönheit des Lebens anzuerkennen und all das zu genießen, was so besonders ist. Frische Heidelbeeren, Gute-Laune-Musik, die Freudentränen in den Augen des Bräutigams, gehäkelte Babyschuhe, ein Abend mit der besten Freundin, ein Jubelschrei ... Wer mit offenen Augen durchs Leben geht, sieht mehr – und zwar mehr Dinge, die dankbar, zufrieden und glücklich machen. Natürlich versteht jeder etwas anderes unter Glück und eine solche Sammlung kann niemals vollständig und perfekt sein oder jeden in allen Einzelheiten ansprechen. Aber sie kann Ihnen einen positiven Denkanstoß geben, Ihnen ein kleines Lächeln schenken, Sie inspirieren und Sie vielleicht ein bisschen glücklich machen.

Ein Sonnenaufgang am Meer

Scheue Rehe am Waldrand entdecken

Selbst gezüchtete Tomaten ernten

Mit dem Frühjahrsputz fertig sein

Trüffelpralinen

Honigmelone

Für die ganze Familie kochen

Eine Liebeserklärung bekommen

Zeit mit den Eltern verbringen

Eine fremde Sprache lernen und stolz darauf sein

Einem Baby beim Schlafen zusehen

Auf den Weihnachtsmarkt gehen

Ein Nickerchen machen

Einen Ausflug mit dem Rad machen

Monopoly spielen

Das angenehme Schweigen zwischen Freunden

Etwas auf den beschlagenen Spiegel zeichnen

Mosaikglas

Die Annehmlichkeit einer Geschirrspülmaschine

Wenn die Party abgesagt wird,
zu der man nicht gehen wollte

Gemüse aus dem eigenen Garten essen

Achterbahn fahren

Ein Kind auf die Schultern nehmen

Luftgitarre spielen

Gestern im Fitnesscenter gewesen zu sein und heute nicht mehr gehen müssen

Kaiserschmarrn

Heiße Maroni

Lustige alte Fotos im Führerschein

Muttertag

Osterbrunch

Die Vorfreude auf den Geburtstag

Männer, die sich für ein Sportevent das Gesicht anmalen

Verrückte Spitznamen

Zwetschgen direkt vom Baum pflücken und essen

Snowboarden lernen

Ein vorgewärmter Bademantel

Wenn einem jemand die Aufzugstür aufhält

Am Abend die zusammengebundenen Haare lösen

Bei einem Krimi erraten, wer der Mörder ist

Den trickreichen Handlungsablauf eines Films vorhersehen

Feierabend

YouTube-Videos

Der Start ins Wochenende

Ein Lagerfeuer machen

Sturmfrei

Alle Einkaufstüten auf einmal aus dem Auto ins Haus tragen und nicht zweimal gehen müssen

Gulaschsuppe

Mit dem Rad am Stau vorbeifahren

Bei einem Gewitter drin im warmen Haus sein

Knirschender Schnee

Ein Spieleabend

Im Restaurant köstliches, warmes Brot vor dem Essen serviert bekommen

Wenn bei einem Konzert das eigene Lieblingslied gespielt wird

Endlich das Zehnfingersystem beherrschen

In einer Jacke, die man lang nicht getragen hat, etwas finden

Im Sommer mit offenen Fenstern Auto fahren

Sich auf den Einkaufswagen stellen und durch den Supermarkt flitzen

Ein Nichts-tun-Tag

Als Frau ein Männerhemd tragen

Der Moment vor einem Kuss

Wenn man als Kind länger aufbleiben durfte

Bei Regen unter einer Brücke durchfahren und kurz die Stille genießen

Eine Reise nach Wien

Partyhits der 1980er-Jahre

Whitney Houston

Wenn jemand eine romantische Geschichte erzählt

Bei einer Hochzeit dabei sein

Gebrannte Mandeln

Ein Schnäppchen

Das Auto putzen

»Ich mag dich«

Eine Flöte

Die Punkfrisur aus der eigenen Jugend

Jemanden mit einem Witz zum Lachen bringen

Jemandem ein Geheimnis anvertrauen und wissen, dass er es nicht verraten wird

Zu Silvester kleine Glücksschweinchen verschenken

Knabbersachen in der Handtasche ins Kino schmuggeln

Durch raschelndes Laub laufen

Wenn man auf einen Toilettenfehler aufmerksam gemacht wird

Eine neue Kreditkarte

Wenn die Batterien ausnahmsweise inkludiert sind

Eine automatische Tür

Allein zu Hause zu lauter Musik tanzen

Eine Wärmflasche

Entschleunigung

Wenn die Kinder in einem Radanhänger sitzen

Barfuß über heißen Asphalt gehen

Vor dem Spiegel Grimassen schneiden

Billard spielen

Quietschvergnügt sein

Sich strecken

Wenn der Schluckauf vorbei ist

Etwas finden, von dem man geglaubt hat, es sei für immer verloren

Pizza zum Mitnehmen

Beim Tanken auf eine gerade Zahl kommen

Zwei Kekse, die im Backofen zusammenschmelzen

Aus einem Albtraum aufwachen

Eine bequeme Jogginghose anziehen

Beim Parken von einem hilfsbereiten Fremden eingewiesen werden

Im Urlaub ein Auto mit einem Nummernschild von zu Hause sehen

Den Mond anschauen und über das Leben nachdenken

Ausgelassen feiern

Eine echte Blüte im Haar

Kreativ bemalte Fingernägel

Plateauschuhe aus den 1990er-Jahren

Alte Klassenfotos

Eine rote Rose

Eine Jeans mit Bügelfalten

Eine bunte Laptoptasche

Power-Napping

Knabberzeug

Zu spät kommen und trotzdem noch der Erste sein

Im Urlaub vergessen, welcher Wochentag ist

Auf einer leeren Straße fahren

Ein Kompliment für die neue Frisur bekommen

Die Gartenmöbel rausstellen

Eine Abkürzung nehmen

Karneval

Wenn einem endlich einfällt, woher man die Person kennt, die man schon die ganze Zeit anstarrt

Der Name, den man fast von seinen Eltern bekommen hätte

Wenn der Gast endlich heimgeht

Das letzte Puzzleteil

Doch noch frische Unterwäsche finden

Mit jemandem so gut befreundet sein, dass man sich bei ihm zu Hause selbst bedienen darf

Mit dem Rad einen Hügel hinuntersausen

Ein Wer-höher-springen-kann-Contest

Eine Belastungsprobe überstehen

Sich in einer Kochsendung gute Tricks abschauen

Eine hilfreiche Massage bei Rückenschmerzen

»Love is in the air«

Wenn die Verzweiflung verschwindet

Einen Fehlkauf zurückgeben und das Geld wiederbekommen

»Was ist dein größter Wunsch?«

Wenn auch die Väter die Kinder wickeln und füttern

Gruselige Geschichten über das Mittelalter

»Einen Haken schlagen«

»Never saw blue like that« von Shawn Colvin

Eine sportliche Anstrengung meistern

Aufwachen und Pfannkuchen serviert bekommen

Frühstück im Bett

Die Zunge zeigen

Das Beste am Essen für den Schluss aufheben

Das Geräusch einer Flugzeugtoilette

Beim Fernsehen alles kommentieren

Etwas neu Gekauftes anziehen

Der Geruch von Plastilin

Die Nacht vor einem großen Tag

Ein Buch genau an der Stelle aufschlagen, die man sucht

Eine Freistunde

Ein Stammgast werden

Eine alte Festnetznummer noch wissen

Sich auf halbem Weg treffen

Nackt zu Hause herumlaufen

Über frisch abrasierte Haare streicheln

Wenn es beim Staubsaugen knistert

Etwas putzen und sehen, wie viel Schmutz weggeht

Eine versteckte Lade finden

Lachen, bis die Tränen kommen

Mit den Füßen das Eis von gefrorenen Pfützen zertreten

In ein Team aufgenommen werden

Im Zoo den watschelnden Pinguinen zusehen

Ein Foto auf dem Nachttisch

Spargel

Ein Miniaturflugzeug

Selbst genähte Vorhänge

Ordentlich gebügelte Hemden

Käse aus Frankreich

Eine Kindersonnenbrille

Die Farbe des Meeres

Schön geformte Kieselsteine

Pralinen mit Marzipan

Kekse selber backen

Die Kirsche auf dem Sahneberg auf einem Eisbecher

Mit den Eltern über Kindheitserinnerungen sprechen

Auf sich selbst stolz sein

Mit dem Kind von Freunden spielen und es wieder abgeben können

Ein Abendessen bei Kerzenschein

Ein Muttertagsgedicht aufgesagt bekommen

Das Lieblingsparfum

Ein Feiertag mitten in der Woche

Pusteblumen

Das Handy vergessen haben und eine wichtige Nummer auswendig wissen

Mit dem Auto gerade noch bremsen können und einen Unfall verhindern

Auf einen Baum klettern

Vor Freude in die Luft springen

Im Frühling in den Park gehen

Eine Umarmung

Osterdekoration selber basteln

Eine Grillfeier

Bananensplit

Einen Stein aus dem Schuh schütteln

Pommes aus der Tüte essen

Die Geste, mit der ein Autofahrer einem dankt

Volljährig sein und nach dem Ausweis gefragt werden

Sich nach einer langen Autofahrt die Beine vertreten

Donnergrollen

Zum ersten Mal das Meer sehen

Jet-Ski fahren

Die Stille eines Waldes

Einen Igel von der Straße retten

Schokolade mit Rosinen

Obstsalat

Einen Liebesbrief bekommen

Den Löffel in ein frisches Glas Nutella tauchen

Einen Fremden beim Spazierengehen grüßen

Der perfekt getoastete Toast

Wenn der Kopierer wieder funktioniert

Genau wissen, wie viele Kalorien etwas hat, und es trotzdem genießen

Alle Kerzen auf dem Kuchen auf einmal ausblasen

Gratisproben von etwas abstauben, das man gar nicht kaufen will

Abenteuerliche Erklärungen von Kindern

Den Kellner mit dem Essen aus der Küche kommen sehen

Auf einer langen Autofahrt die Schuhe ausziehen

An einem heißen Tag einen klimatisierten Raum betreten

Wenn jemand einem eine Orange abschält

Perfekt einparken

Salz

Über die Grenze fahren, ohne Fragen gestellt zu bekommen

Einen Swimmingpool haben

Eine Sandburg bauen

Ein extrem scharfes Messer

Einen Tag Pause vom Baustellenlärm

Teure Hautpflege geschenkt bekommen, die man sich selbst nie leisten würde

Die Muttermale kontrollieren lassen und erfahren, dass alles in Ordnung ist

Ein Lieblingswitz

Eine Brille, die einem richtig gut steht

Ein Regenschirm mit bunten Mustern

Eine verblasste Narbe

Wenn einem beim Aufwachen einfällt, dass Sonntag ist

Das Klirren von Eiswürfeln in einem Drink

Ein Rucksack, in den alle benötigten Dinge passen

Nach einem schönen Traum aufwachen und sich an alles erinnern

Eine Kopfmassage beim Friseur

Ein Gutenachttee

Ein Adrenalinschub

Milch mit Honig

Wenn im Supermarkt eine zusätzliche Kasse geöffnet wird

Schnorcheln

Regionale Spezialitäten in den Bergen essen

Draußen an der frischen Luft sein

Die ersten Schneeglöckchen

Gummibärchen

Erdbeeren

Kalte Reste direkt aus dem Topf essen

Wenn man eine Spritze bekommt und es gar nicht wehtut

Der frische Geschmack von Zahnpasta

Die Fliehkraft

Ein Lolli

Positives Feedback

Noch Kuchen vom Vortag im Kühlschrank haben

Endlich niesen, nachdem die Nase so lange gekitzelt hat

Wenn der eigene Koffer als erster auf dem Ausgabeband liegt

Sich die Haare mal nicht kämmen

Die nasse Badehose ausziehen

Kaugummi

Bei »Schere, Stein, Papier« gewinnen

Wenn jemand im Schlaf lacht

Ein buntes Handycover

In Gedanken versunken sein

Wenn ein Fremder einen unter den Regenschirm lässt

Im Wartezimmer beim Arzt eine interessante Zeitschrift entdecken

Von Vogelgezwitscher geweckt werden

Wenn auf einer Hochzeit Alt und Jung zusammen tanzen

An einer Polizeikontrolle vorbeifahren und nicht aufgehalten werden

Ein Radar entdecken und nicht zu schnell dran sein

Knusprige Cornflakes

Mit einem vollen Tablett in der Kantine stehen und den letzten freien Platz entdecken

Eine nette Unterhaltung mit einem Fremden

High Five

Die kleinen Luftpolster vom Verpackungsmaterial zerdrücken

Ein altes Mixtape aus der Jugendzeit finden

Rhabarbersirup

Eine fröhliche Klingelmelodie auf dem Handy

An einem Wochenende Geburtstag haben

Handwerken

Selbst ein Regal zimmern

Selbst einen Tisch zimmern

Mit frisch rasierten Beinen unter die frisch gewaschene Bettdecke schlüpfen

Nach einer langen Nacht zufrieden lächelnd im Taxi sitzen

Eine grüne Welle haben

Auf den Cent genau zahlen können

Ein Kissenberg

Eine Breze mit Butter

Muskelkater

Ein Luftballon in Herzform

Wenn der Boss nicht da ist

Der Duft aus einer Konditorei

Pommes vom Teller eines Freundes stibitzen

Zu früh aufwachen und wissen, dass man noch weiterschlafen kann

Der Geruch von Wachsmalkreiden

Der Duft von Mamas Weichspüler

Einen Apfel in einem Zug schälen, sodass eine lange Schlange entsteht

Wenn der Snackautomat zwei Snickers ausspuckt, obwohl man nur eins bezahlt hat

Duftende Duschgelproben im Hotel

Der weiche Bademantel im Hotel

Im Hotel frühstücken und danach alles stehen lassen können

Das perfekte weiche Ei

All-inclusive-Urlaub

Cocktails mit kleinen bunten Schirmchen

Freigetränke

Einen zu fest geschnürten Knoten endlich aufkriegen

Der letzte Schultag

Das neue Handy auspacken

Sich ankleckern, ohne dass ein Fleck bleibt

Die letzten Seiten in einem Buch

Sich glücklich schätzen

Wissen, dass man genau jetzt glücklich ist

Das eigene Glück erkennen

Sich ausgeweint haben und sich besser fühlen

Echo

Eine Pause an einer Raststation machen

Das letzte Shirt in der eigenen Größe ergattern

Das erste Mal alleine fliegen

Über das Gute im Leben nachdenken

Ein Bild von einem Haustier

Sein Handicap verbessern

Ofenkartoffeln

Sich mit einem Buch aufs Sofa kuscheln

Minigolf

Soße bolognese

Ein Stapel ungelesener Bücher

Das Wissen, dass man im Sitzen 100 Kalorien pro Stunde verbraucht

Auf der Couch essen

Sich in einem Juwelierladen umschauen, obwohl man sich gar nichts leisten kann

Mary-Poppins-Schuhe

Weiße Rosen

Mit dem Flugzeug am Zielort landen

Meditation

Lernen, wie man ganz schnell Karten mischt, und alle damit beeindrucken

Freizeitparks

Eistee mit Pfirsichgeschmack

Nach Amerika reisen

New York

Schwäne, die auf einem See schwimmen

Der Welttag der Poesie

Ein Buchpaket auspacken

Eine Überraschung planen, die dann gelingt

Liebevoll angeschaut werden

Beim Autofahren genau den richtigen Song im Radio hören und laut aufdrehen

Dem Gemüse im Hochbeet beim Wachsen zusehen

Etwas verschenken, über das sich jemand richtig freut

Stricken

Sonnenschein am Morgen beim Aufwachen

Aus dem Flugzeug aussteigen und den ersten Atemzug im fremden Land tun

Alles auf der To-do-Liste abgehakt haben

Zwischen Weihnachten und Neujahr frei haben

Der nationale Zieh-dein-Haustier-an-Tag in den USA

Valentinstag

Koalabären

Wenn ein Problem sich von selbst erledigt

Wenn die eigene schlechte Laune sich in Luft auflöst

Gekitzelt werden

Die Ursache für ein Problem finden und beheben können

Ein gefüllter Picknickkorb

Schokolade ins Gefrierfach legen

Ein Lied aus der Schulzeit hören, das mit vielen Erinnerungen verbunden ist

Der Duft von Oleander

Schon lange vor Weihnachten alle Geschenke besorgt haben

Blei gießen zu Silvester

Ein Buch nicht weglegen können, obwohl man längst schlafen sollte

Einen neuen Highscore bei einem Videospiel schaffen

Ein Déjà-vu

Ein Schulausflug

»Du bist schön«

Eine Kinderzeichnung vom Nikolaus

Ein Tablett, mit dem man etwas auf den Balkon oder in den Garten tragen kann

Jemandem ein Kompliment machen und sehen, wie er sich freut

Kamille

Frisch gemahlener Pfeffer

Am Jahrestag einen besonderen Ausflug machen

Eine Lesung besuchen

Sich einen großen Traum erfüllen

Alte Schallplatten auf dem Dachboden finden

Das Buch lesen, über das alle reden

Ein neues Notizbuch

Die Schulabschlussfeier

Der allerletzte Schultag im Leben

Die Abifahrt

Erinnerungen an die Abifahrt

Fisch am Freitag essen

Tickets für eine Reise geschenkt bekommen

Die Wohnung verschönern

Zu einem besonderen Anlass von einer Limousine abgeholt werden

Sich in einen wolligen Schal kuscheln

Die Sonntagszeitung

Brennendes Holz

Cake-Pops

Die letzten blühenden Blumen im Herbst

Ein Dachgarten

Gemeinsam ein Kreuzworträtsel lösen

Die Farbe Amber

Im Flugzeug am Fenster sitzen

Etwas gut gemacht haben und ein bisschen damit angeben

Die Farbe Kupfer

Frischverliebte Paare

Ein Bücherzimmer haben

Bananen-Apfel-Brei essen wie damals als Kind

Eine Aussicht genießen und keine Fotos davon machen

Eine rote Couch

Ein leeres Fitnessstudio, in dem man sich so richtig auspowern kann

Einen neuen Job finden

Von einem Headhunter abgeworben werden

Overknee-Strümpfe

Urlaub für die Seele

Wasser

Minze

Vor dem Kaminfeuer sitzen

In New York mit dem Taxi fahren

In der Badewanne Prosecco trinken

Glockenläuten

Polka tanzen

Ein besonders geformter Felsen

Lernen, wie man ein Lagerfeuer macht

Eine Heidelbeerfarm

Die Reaktion eines Teenagers, wenn sein Handy klingelt

Ein Bauernhof

Im Auto essen

Zeitschriften für den Strand kaufen

Im Urlaub Glamour-Zeitschriften lesen, die man sonst nie kauft

Bunte Badetücher

Die eigenen Initialen an einer Halskette

Satin

Eine selbst gebastelte Glückwunschkarte

Sich mit jemandem treffen, der pünktlich kommt

Ein origineller Knopf

Applaus bekommen

Eine jubelnde Menge

Tiere im Streichelzoo füttern

Eine schöne Burgruine

Ein Kimono

Das Blog von Freunden, die auf Weltreise sind, lesen

Ein lustiges Foto auf Facebook posten und viele Likes bekommen

Ein Ausflug in die österreichische Bergwelt

Eine Reise in die Schweiz

Dass es die Feuerwehr gibt

Bei einem unerwünschten Anruf einfach auflegen

Bewusste Atmung

Erntedank feiern

Die Freude der Kinder bei der Erstkommunion

Jemandem etwas beichten, der dann gar nicht sauer ist

Moosbewachsene Blumentöpfe

Wenn der Nagellack und die Ohrringe farblich zusammenpassen

Eine viel zu teure Handtasche kaufen

18 werden

Kinder, die sich höflich bedanken

Ein dichter, dunkler Wald

Ein gutes Gewissen haben

»Star« von The Crash

Eine kühle Gesichtscreme

Ein neues Duschbad, das viel besser duftet als das alte

Ein schöner Gedanke

Der Geruch von frisch gemahlenem Kaffee

Wenn jemand sofort auf eine SMS antwortet

Aspirin

Räucherfisch

Die letzten Minuten bis zum Feierabend

Essig-Öl-Dressing

Eis aus einer halben Kokosnuss essen

Selber Brot backen

Ein Quilt

Schockierend grelles Pink

Ein Puppenwagen

Engelshaar

Eine Kletterwand

Hairspray

Auf der Fensterbank sitzen

Ein Stift mit einer kleinen Figur, die sich bewegt

Mai

Im Sommer Geburtstag haben

Sich verloben

Mit knurrendem Magen aufwachen und wissen, dass es gleich ein tolles Frühstück gibt

Gesagt bekommen, dass man sexy ist

An einem sonnigen Tag früher aus dem Büro kommen

Schneeengel

Die Braut zu sein

Am Flughafen zu sitzen voller Vorfreude auf den Urlaub

Ein ganzes Wochenende mit Freunden verbringen, die man ewig nicht gesehen hat

Snickers-Eis

Einen Liegestütz mehr zu schaffen als beim letzten Training

Zimmerservice

Schneehasen

Ein Pfau mit seinen schönen Federn

Sonnenblumen auf dem Balkon

Das Kribbeln von Kohlensäure auf der Zunge

Enten, die hintereinander schwimmen

Dass lange Kleider wieder in Mode sind

Konsequent zu sein

Selbstdisziplin

Noch eine letzte Münze für den Einkaufswagen in der Tasche haben

Echten Schmuck tragen

Sich ein Lied ausdenken

Beim Bügeln singen

Eine kitschige Soap anschauen

Ins Museum gehen

Einen Bildband vom Lieblingsland geschenkt bekommen

Die Dämmerung

Die klare Luft nach einem Gewitter

Nackt im Meer schwimmen

Gemeinsam einen Eisbecher mit zwei Löffeln essen

Das Lächeln eines Kindes, das einen Vorderzahn verloren hat

Bunt bemaltes Glas

Fußballbegeisterte Männer

Über eine Mauer springen

Eine Reise nach Italien

Am Seeufer liegen

Wenn einem jemand den Schnee vom Auto kehrt

Eine Briefmarke mit dem eigenen Foto erstellen

Pizzateig selber machen

Wenn die Kinder den Tisch decken

Der erste Tag im Frühling, an dem man Sandalen anziehen kann

Dass jeder Tag ein Geschenk ist

Mit dem Hund Gassi gehen

Smoothies

Hand in Hand spazieren gehen

Das weiche Innere einer Semmel

Ein Shrimpscocktail

Jemanden um einen Rat fragen

Zitronensorbet

Nougatmousse

Einen Jahrestag feiern

Donuts mit bunten Zuckerstreuseln

Pokern

Durchs Schlüsselloch schauen

Über den Zaun in einen fremden Garten schauen

Eine weiße Hose

Ein roter Mantel

Doppelkekse mit Schokoladenfüllung

Wenn die Haare endlich die gewünschte Länge erreicht haben

Ein Dessert, das »Tod durch Schokolade« heißt

Eine Serifenschrift

Freiheit

Das Gefühl, nicht allein zu sein

Jemanden haben, an den man sich wenden kann, wenn es Probleme gibt

Nach einer anstrengenden Reise abgeholt werden

Ein lustiges Gespräch mit einem Taxifahrer

Ein wirklich guter Reiseführer

Eine Wohnung einrichten

Zum ersten Mal im selbst gebauten Haus schlafen

Kuscheln

Ein Anruf mit einer Jobzusage

Eine E-Mail-Runde mit alten Freunden, die weit weg wohnen

Buchblogs

Übrig gebliebenes Brot lecker überbacken

Die Weihnachtsdekoration aus dem Keller holen

Sich über etwas einfach nicht mehr aufregen

Ein eleganter Gürtel

Alte Hochzeitsbräuche

Zu einer Taufe eingeladen sein

Reiten

Auf einem Schnappschuss gut aussehen, während alle anderen schlecht getroffen sind

Spekulatius

Jemanden ein Lied pfeifen hören

Eine Luftaufnahme vom eigenen Haus

Einen Stammbaum erstellen

Selbst gebastelte Serviettenringe

Edles Geschirr

Ausländische Münzen als Erinnerung

Geschichten von fliegenden Teppichen

Die Märchen der Brüder Grimm

Eine Literaturverfilmung anschauen von einem Buch, das man gelesen hat

Erwachsen zu sein

Alt genug für die Disco sein

Die Faszination von Stonehenge

Ein Jahr im Ausland verbringen

Fließend eine Fremdsprache sprechen

Rührei mit Speck

Extrawünsche beim Kellner äußern, ohne dass er genervt reagiert

Mit jemandem wetten und richtig liegen

Gesagt bekommen, dass man gut aussieht, wenn man nur Jeans und T-Shirt trägt

Waldmeister

Chicken Wings

»Die kleine Hexe« von Otfried Preußler

Die Barbapapas

Geschichten über Pettersson und Findus

Einem Kind vorlesen

Sehenswürdigkeiten in der Realität sehen, die man nur aus Filmen kennt

Staunen

Wenn der Partner endlich von einer Reise zurückkommt

Die Showeinlagen von Cheerleadern

Babyschuhe

Schlagzeug spielen

Blumennamen

Ein Verkäufer, der sich wirklich auskennt

Jell-O

Bowling

Eine Kaffeepause

Eine gute Note bei einer Klassenarbeit

Eine passende Redewendung kennen

Eine Sauciere

Solarzellen

Eine Kreuzfahrt

Beschenkt werden

Der perfekte Schaum auf dem Cappuccino

Ein erfrischendes Fußbad

Die Wärme der Sonne

Der Welttag des Buchs

Plätzchen backen

Papa anrufen, um zu fragen, wie es ihm geht

Im Museumsshop ein Lesezeichen mit dem Lieblingsbild kaufen

Eislaufen

Eine Oma mit lilafarbenen Haaren

Vanillezucker

Sich die Haare blond färben

Eine Maniküre

Eine Geldbörse mit der richtigen Anzahl an Fächern und Taschen

Aromatherapie

After Eight

Den Dachboden ausmisten

Johann Sebastian Bach

Wenn endlich der Tag kommt, auf den man so lange gewartet hat

Von einer Visagistin geschminkt werden

Selbstvertrauen

Eine Brautfrisur

Das Biene-Maja-Lied

Ein bunter Stiftebecher

Die Salzburger Festspiele

Kleine Mädchen mit Hello-Kitty-Shirts

Vom Chef das Du angeboten bekommen

Mittagsschlaf

Mit der ganzen Familie eine Gameshow ansehen

Mit Geschenkband die perfekte Masche binden

Einen Gutschein vom Lieblingsladen bekommen

Socken mit kleinen Punkten

Jazz

Im Schatten sitzen

Einen Fischschwarm beobachten

Haselnusseis

Wenn alle aneinandergekuschelt im Familienbett einschlafen

Aus einem stickigen Raum hinaus in die frische Luft treten

Die Lieblingsmannschaft anfeuern

Das Gefühl, ein Songtext sei nur für einen selbst geschrieben worden

Thymian

Gefragt werden, ob man Taufpate sein möchte

Leggins

Das Wort »Lebenskünstler«

Das Gefühl haben, dass einem die ganze Welt offensteht

Zeichen setzen

Einen Tisch abschleifen und neu anstreichen

Zu einem Vorstellungsgespräch eingeladen werden

Keine Werbung im Briefkasten haben

In der Briefkastenwerbung ein Angebot für ein Produkt finden, das man braucht

Malen nach Zahlen

Die Reinheit von Weiß

Der Name Daisy

Die Farbe von Honig

Adonisröschen

Die Ice-Age-Filme

Zimt

Ein strahlendes Gesicht

Mit der Geisterbahn fahren und sich tatsächlich erschrecken

In der Sauna ganz abartig schwitzen

Achterbahn fahren und wie am Spieß schreien

Der Geruch von Pinienwäldern im Sommer

Kitesurfen

Salzbrezeln

So laut Musik hören, dass man den Bass am ganzen Körper fühlt

Muffins mit weißer Schokolade

Dass Schnee jeden Laut schluckt

Ein Sonnenaufgang in den Bergen

Wenn der letzte Schnee schmilzt

In einem kleinen Restaurant am Meer essen

Apfelkuchen nach Omas Rezept backen

Wenn ein Kind zum ersten Mal einen Witz erzählt

Twix-Eis

Selbst ein Puppenhaus bauen

Zum ersten Mal wieder barfuß gehen

Besuch von einer Internetbekanntschaft bekommen

Die Naturgewalt des Grand Canyons

Karussell fahren

Das Geräusch, wenn Pastateig so richtig durchgeknetet wird

Beim Yoga im Kopfstand die Welt aus einem anderen Blickwinkel betrachten

Eine Zusage bekommen

Hören, wie die Nachbarn singen

Einen lang erwarteten Brief erhalten

Herzklopfen

»Eine Mütze voll Schlaf«

»Sex on fire« von Kings of Leon

Eine Ziehharmonika

Wissen, dass die Wohnung für kurze Zeit frei von Altglas, Plastikmüll und Papier ist, weil man alles weggebracht hat

Ein stürmischer Tag am Meer

Die Zeit vergessen

Die alten Socken wegwerfen und neue kaufen

Nackt im Bett liegen

Mit den Eltern und den eigenen Kindern in den Urlaub fahren

Knutschen im Sommerregen

Im Winter noch letzte Sommersprossen auf der Schulter entdecken

Das Quietschen frischer Tulpen

Mit den Freundinnen in den Urlaub fahren

Ein hell erleuchteter Christbaum

Ein Spiegel aus Marokko

Der Geruch von Sonnencreme

Die Sesamstraße

Wenn man selbst noch schlafen kann, während der Partner aufstehen muss

»Sex and the City«

Lachtränen

Auf einem Basar verhandeln

Wenn eine Orchidee endlich wieder blüht

Gewürze aus Marokko

Sich einen Animationsfilm anschauen, der eigentlich für Kinder gedacht ist

Äthiopisch essen

Sich auf etwas Neues einlassen

Auf der Couch einschlafen

Chopsuey

Jemandem das Gesicht anmalen, der eingeschlafen ist

Der Rabe Socke

Für jeden Freund eine andere Erkennungsmelodie auf dem Handy haben

Dass Märchen gut ausgehen

Grissini

Einen Ohrwurm vom Lieblingslied haben

Tüll

Lange, schmale Finger

Beobachten, wie ein Segelboot vorbeizieht

Das Handy einschalten und gleich ganz viele SMS bekommen

Entspannungstee

Swimmingpooltürkis

Holunderblütensirup

Donald Duck

Eine Schifffahrt auf der Donau

Disneyland

Paragleiten

Kinder, die ausgelassen über den Spielplatz toben

Kunstvoll geschnitzte Eisfiguren

Ein Büroflirt

Zweideutigkeit

»Friends« von Aura Dione

»Lass uns gemeinsam durchbrennen«

Eine Terrasse haben

Gästepantoffeln

Mit einer Lupe eine Inschrift in Holz brennen

Mittelalterspiele

In die Vaterrolle hineinwachsen

Eine Reise nach Marseille

Grünes Pesto mit Basilikum

»Wovon träumst du?«

Ins Freibad gehen

Ohne Schuhe mit dem Rad fahren

Schmutzige Witze

Die Faszination von uralter Höhlenmalerei

Den eigenen IQ herausfinden

Eine spannende Dokumentation

Im Heu Sex haben

Ein Tor beim Fußball schießen

Bungee-Jumping

Auf Händen getragen werden

Ein altes Chevy Cabriolet

Sammelkarten

Wie früher als Kind Fankarten sammeln

Die Formel 1 anschauen

Ein Koffer mit vielen bunten Aufklebern aus aller Herren Länder

Ein Geschenkkorb mit lauter Leckereien

Wenn es im Frühling wieder länger hell bleibt

Am Strand schlafen

Selbst Eis machen

Mit einem neugeborenen Baby aus dem Krankenhaus nach Hause kommen

Eine sehr persönliche Liebeserklärung

Ein eigener Mail-Account nur für Spam

Die Sterne betrachten und über die Größe des Universums staunen

Handtücher mit eingesticktem Monogramm

Über Facebook verloren gegangene Freunde wiederfinden

Seerosen

Erinnerungen an die Zeit bei den Pfadfindern

Floating

Eine steile Wasserrutsche

Jemanden trösten

Ein schicker schwarzer Anzug

Als Frau Männerklamotten tragen

Kräftige Fingernägel

Dass Alufolie so praktisch ist

Das Geräusch von prasselndem Regen

Für einen besonderen Anlass eine Tischdecke auflegen

Ein voller Akku

Eine schnelle Internetverbindung

Spotify

Eine Aufmunterung

In einer Menschenmenge sein

Schöne Fliesen für das neue Badezimmer aussuchen

Die Eingangstür bunt anstreichen

Das andere Ende der Welt

Die Traumwohnung finden

Aufgeschüttelte Kissen

Zusehen, wie das eigene Haus Stück für Stück errichtet wird

Eine Richtfest

Kalte Milch mit Kakao

Kinderbettwäsche

Schmunzeln

Die perfekte Leselampe

Ein albernes T-Shirt

Ein Babybody mit dem Aufdruck »Frisch gepresst«

Farbkleckse

Ein Schwarm Gänse

Aufs Land ziehen

Abstehende Ohren

Der erste Schultag des eigenen Kindes

Kleine Ohren

Wenn eine Blüte sich öffnet

»Der kleine Eisbär«

Ein interessanter E-Mail-Newsletter

Pumuckl

Gutscheine, mit denen man in einem Onlineshop Rabatt bekommt

Ein Lunchpaket für eine Reise bekommen

Auf einer Autobahn ohne Geschwindigkeitsbegrenzung fahren

Mit Delfinen schwimmen

Aus einem alten Brunnen Wasser pumpen

Wenn die Luft vor Hitze flirrt

Eiszapfen

Sushi selbst machen

Eine schleichende Katze auf der Jagd

Ein Hupkonzert

Eine Uhr mit Pendel

Etwas auspendeln und unsicher sein, ob man an das Ergebnis glauben soll

Eine Schüssel aus Holz

Wenn bedrohte Tierarten im Zoo Nachwuchs bekommen

Eine watschelnde Seerobbe beobachten

Das Hochzeitskleid

Lustige Anrufbeantworteransagen

Etwas Blaues, etwas Altes, etwas Neues und etwas Geborgtes zur Hochzeit

Wenn Kinder Seil springen

Wein verkosten

Ein Scrapbook

In der Sonne liegen

»Beautiful day« von U2

Ein Spaziergang am Meer

Schokopudding

Eine Kindergeburtstagsparty

Die besonderen Weihnachtsrituale der eigenen Familie

Das Lieblingsgericht aus der Kindheit

Nach einer Party erst nach Hause kommen, wenn es schon hell wird

Eine Reise nach Cannes

Rock 'n' Roll

Ein Gedicht auswendig können

Einen Weinkeller haben

Vanillefarbener Sand

Im Winter über den nächsten Sommerurlaub nachdenken

Fotos von damals ansehen, als die Kinder noch klein waren

Kuhglocken

Endlich Algebra verstehen

Sich verquatschen und die Zeit übersehen

Salat mit Löwenzahn

»Morgenstund hat Gold im Mund«

»Der frühe Vogel fängt den Wurm«

»Der frühe Vogel kann mich mal«

Das ewige Eis

Aus Plastilin verrückte Figuren formen, die Kinder zum Lachen bringen

Der coole Onkel sein

Die exzentrische Tante sein

Die Simpsons

Als Kinder heimlich auf den Dachboden gehen und sich dabei gruseln

24-Stunden-Shops, wenn man dringend etwas braucht

Two and a half men

Puppengeschirr

Ein Gutenachtkuss

Das erste Date

Sich an das erste Date erinnern

Neuen Bekannten die Geschichte vom ersten Date mit dem Partner erzählen

Die Frage »Weißt du noch?«

Kalligrafie

Einen ruhigen Abend ganz allein verbringen

Im Büro einen ergonomischen Stuhl haben

Blumen ins Büro geschickt bekommen

Ein englischer Pub

Fleurop

Traditionelle Kinderlieder, die man selbst schon gesungen hat

Ein Sesselkreis

Kennenlernspiele

Die blaue Stunde

Kinderreime

Alte Abzählreime aus der Kindheit

Ein Waffeleisen

Die Bücher im Regal nach Farben sortieren

Der Name Caruso

Die Figuren von der Hochzeitstorte aufbewahren

Limonenscheiben

Eine riesige Hochzeitstorte mit vielen verschiedenen Kuchensorten

Einen kitschigen Film anschauen und dabei weinen müssen

Eine unleserliche Schrift entziffern

Das Lieblingsfoto auf eine Leinwand drucken lassen

Sich nicht entmutigen lassen

Einen Glasschrank unbeschadet in die Wohnung tragen

Eine Ukulele

Bunte Aufkleber auf den Ordnerrücken im Regal, die ein Bild ergeben

Die Buchhaltung gemacht haben

Fingerpuppen

Einer super Straßenband zuhören

Pingu, die Knetmassefigur aus dem Fernsehen

Das Sandmännchen

Gruselgeschichten am Lagerfeuer erzählen

Einen Sessel neu beziehen

In der Hängematte liegen

Stundenlang knutschen

»Sauer macht lustig«

»Bulletproof« von La Roux

Beim Fortgehen angeflirtet werden

Eine karierte Pyjamahose

Yin und Yang

Das Prinzip des Karmas

Eine Reise nach Indien

Etwas Lateinisches übersetzen können

Jemanden mit seinem Wissen beeindrucken

Bei »Wer wird Millionär« vor dem Fernseher miträtseln und alles besser wissen

Wenn jemand sich aufrichtig entschuldigt

Arm in Arm gehen

Fluchen

Richtig laut schreien

Jemanden anschwindeln, ohne enttarnt zu werden

Aufeinander zugehen

Von den neuen Nachbarn zum Essen eingeladen werden

Ein buntes Windrad auf dem Balkon

Petits Fours

Die Faszination von Nebel

Herzförmige Spiegeleier

Ein Schaffell

Minimuffins

Korbsessel

Bunte Tischsets für alle

Ein alter Teddybär mit Geschichte

Dill

Mit einem Helikopter fliegen und die Welt von oben sehen

Den Pilotenschein machen

Freiwilligenarbeit

Erbsen

Beeindruckend hohe Bäume

Ein Cockerspaniel

Mehl abmessen

Über eine wackelige Hängebrücke gehen

Rugby

Verstecken spielen

»Der Herr der Ringe«

Psychedelische Muster

Die Piercings aus der Jugend entfernen

Das Wort »superkalifragilistischexpiallegetisch«

Den Kindern die Haare kämmen

Das Wort »extraordinär«

Der Tochter Zöpfe flechten

Polster im 70's-Style

Eine Kinderhand halten

Biertische

Eine kleine Kinderhand mit der eigenen Hand vergleichen

Hand- und Fußabdrücke von Babys

Die Wohnung neu streichen

Winterschlaf

Eheringe

Den BH ausziehen

Eine Schaukel im Garten

Eine Kuh melken

Den Stall ausmisten

Richtig abbiegen

Eine Latzhose anziehen

Die erdigen Gerüche auf einem Bauernhof

Silberne Armreifen

Ein Blaumann

Die Muppets

Ein Schnauzbart

Erraten, woher jemand kommt

Kleine heiße Handtücher im Flugzeug oder beim Japaner

Die Farbe Lila

Wenn Sneakers auf einem glatten Boden quietschen

Gerade Zähne

Ein Fohlen

Fotogen sein

Der Schwarzwald

Hühner füttern

Senf

Silber

Das perfekte Foto machen

Die Wichtigtuerei eines Gockelhahns

Einer Aufgabe gewachsen sein

Blendend aufgelegt sein

Gefragt werden, wie man sich fühlt

»Survivor« von Destiny's Child

Sehr aufmerksam sein

Hoch konzentriert sein

»Auf den fahrenden Zug aufspringen«

Nur Augen für den anderen haben

Scharf auf etwas sein

Sich den Sand vom Körper waschen

Kosmetik ohne Tierversuche

Nach einer Massage keine Rückenschmerzen mehr haben

ABBA

Butterbrotpapier

Neugierig wie ein Kind sein

Über Kränkungen hinwegsehen

Früchte mit Naturjoghurt

Eis zum Frühstück essen

Sich nicht an die Regeln halten

Mitten im Gespräch einfach auflegen

Klug sein und den Mund halten, wenn es nötig ist

Die Erfindung des Mobiltelefons

Entschieden zu sagen, dass früher nicht alles besser war

Ein Strohhut

Muscheln essen

Quarkcreme mit Früchten selbst machen

Ein Baby, das zum ersten Mal »Papa« sagt

Die Ruhe an Weihnachten

Schneller Download

Seilspringen

Urlaub am See

Ludwig van Beethoven

In einem afghanischen Restaurant essen

Sich abreagieren

In Friedenszeiten leben

Den Fernseher mal ausgeschaltet lassen

Sich mit dem Partner stundenlang unterhalten

Einander lange in die Augen sehen

Einen glücklichen Moment mit jemandem teilen und wissen, dass er genauso fühlt

Gefragt werden, ob man Trauzeuge sein möchte

Zur Hochzeit einen riesigen Berg Geschenke bekommen

»Heroes« von David Bowie

»Möge die Sonne immer für dich scheinen«

Darauf pfeifen, was die anderen denken

Sich in seiner Haut wohlfühlen

Nicht an morgen denken

Schwangerschaftsyoga

Über den eigenen Schatten springen

Mit offenen Augen durch die Welt gehen

Sich bedanken

Ohne Anlass einen Strauß Blumen kaufen

»Happy Birthday« am Telefon singen

Die Erfindung von Videotelefonie

An einem Regentag keinen Fuß vor die Tür setzen

Vor dem vollen Kühlschrank stehen und sich nicht entscheiden können, was man essen will

Twitter

»Sich von seiner Schokoladenseite zeigen«

Ein Mittelaltermarkt

Eine bunte Badekappe

»Was denkst du gerade?«

Vom Steg in den See springen

Beim Autofahren einem Hörbuch lauschen

Bärlauchschinken

Sich geschmeichelt fühlen

Bei jemandem gut ankommen

Das Lied von Pippi Langstrumpf

Geschwister haben

Der 50. Hochzeitstag der Eltern

Am Monatsbeginn wieder Geld auf dem Konto haben

Einen Weg so gut kennen, dass man ihn mit geschlossenen Augen gehen könnte

Anerkennung

Das Wort »Augenschmaus«

Trivial Pursuit

Niemals aufgeben

Sich zugehörig fühlen

Sich einfach nicht ärgern, obwohl es Grund dazu gibt

Als Freelancer viele Aufträge bekommen

Sich aus dem Büro schleichen und ein bisschen frische Luft tanken

Der Countdown bis zum neuen Jahr

Appetithäppchen

Dank E-Books eine virtuelle Bibliothek besitzen, die fast nichts wiegt

Wenn jemandem etwas Peinliches passiert und er darüber lacht

A-cappella-Gesang

Aufschreiben, was an diesem Tag Schönes geschehen ist

Pläne schmieden

Kekse in Milch tunken

Take-away

Kümmel

Sahne mit einer Prise Zimt

Sich sehr darauf freuen, jemanden wiederzusehen

Speeddating

Eine Jugendliebe wiedertreffen

Schuhe, die einfach zu jedem Outfit passen

In der Konditorei stehen und sich bei all den Köstlichkeiten nicht entscheiden können

Pfannkuchen mit Himbeermarmelade

Den ersten gemeinsamen Mietvertrag unterschreiben

Den Bus gerade noch erwischen

Eine neue Frisur

Wieder in die alte Hose reinpassen, die doch schon recht eng war

Ein amüsantes Buch lesen

Ein Glas guten Wein trinken

Ein Abend mit der besten Freundin in der Lieblingsbar

Das Lächeln eines Kindes

Schokolade mit Nüssen

Lange auf etwas sparen und es sich dann endlich kaufen können

Ein unerwarteter Anruf

Ein schönes Kompliment

Im Frühling die erste Blume auf der Wiese entdecken

Sommersprossen auf der Nase

Rote Gummistiefel mit weißen Punkten

Ein Stück Sahnetorte

Zum ersten Mal am Morgen neben der neuen Liebe aufwachen

Ein Kuss

Den Fernseher einschalten und entdecken, dass ein Film läuft, den man schon lange sehen wollte

Eine alte Freundin wiedertreffen, deren Telefonnummer man nicht mehr hat

Ein Abend im Kabarett

Ein romantisches Dinner

Nach einem anstrengenden Tag nach Hause kommen und ein köstliches Essen serviert bekommen

Ein Wohlfühlbad

Zum Lieblingsitaliener kommen und gerade noch den letzten Tisch ergattern

»Wonderwall« von Oasis

Ein Buch über das Mittelalter lesen

Im Sommer auf der Terrasse sitzen

Einen Fleck aus der weißen Bluse bekommen

Ein Katzenbaby

Pralinen mit Nougatfüllung

Ein Strauß roter Rosen

Ein Flirt mit einem Fremden

An der Kasse sofort drankommen

Ein neuer Lippenstift

Die letzte Packung Schokoladeneis im Supermarkt erwischen

Der erste Sommerabend, an dem man im T-Shirt draußen sitzen kann

Ein knackiger Apfel

Ein neuer Stift, der richtig gut schreibt

Ein Lob

Geld auf der Straße finden

Entdecken, dass die Schuhe, mit denen man schon lange liebäugelt, jetzt reduziert sind

Smarties

Ein unerwartetes Geschenk

Der Kuchen, den Oma immer gebacken hat

Sich selbst eine kleine Sünde durchgehen lassen

Zum ersten Mal ein schwieriges Gericht kochen, das sofort gelingt

Eine neue Haarfarbe ausprobieren

Die Einladung zu einer Geburtstagsparty

Die Umarmung eines Kindes

Der Geruch von frisch gemähtem Gras

Mangosaft

Ein neues Kleid

Ein handgeschriebener Brief

Nutella

Eine Collage aus schönen Erinnerungsfotos

Eine Gehaltserhöhung

Der erste Urlaubstag

Sich selbst zum ersten Mal in einer Fremdsprache vorstellen, die man gerade gelernt hat

Ein großes Glas Wasser, wenn man so richtig Durst hat

Verliebt sein

Jemanden zum Erröten bringen

Die Musik im Auto ganz laut aufdrehen und mitsingen

Von einem freundlichen Kellner bedient werden

Erdbeereis

Neue Schuhe

Eine verloren gegangene Socke in der Waschmaschine finden

Dunkelroter Nagellack

Eine Halskette aus Gold geschenkt bekommen

Von einem Fremden in der U-Bahn angelächelt werden

Sich geborgen fühlen

Neonfarbene Stifte

Zum ersten Mal nach der Hochzeit mit dem neuen Namen unterschreiben

Das Abheben des Flugzeugs

Ein Tag am Strand

Den Partner beim Joggen überholen

Ein gut erzählter Witz

Spaghetti mit Tomatensoße

Ein freier Nachmittag

»Island in the sun« von Weezer

Sich einen lustigen Streich ausdenken

Beim Bügeln ein Hörbuch einlegen

Eine Tasse heiße Schokolade

Sonnenlicht

Frisch gewaschene Bettwäsche

Zu wissen, dass man heute richtig gut aussieht

Die ganze Nacht durchtanzen

Sich auf den ersten Blick verlieben

Lachen, bis die Tränen kommen

Ein selbst gebastelter Adventskalender

Eine blühende Orchidee

Ein Moment Ruhe

Bunte Ohrringe

Eine lachende Buddhafigur

Eine liebe Nachricht

Die erste Kugel Eis im Sommer

Völlig grundlos zu lachen

Aufmerksamkeit

Sich selbst ein Kleidungsstück nähen,
das sonst niemand hat

Auf ein Getränk eingeladen werden

Eine heiße Dusche

Vogelgezwitscher

Eine rasante Schlittenfahrt

Etwas auf das erste Kalenderblatt des neuen Jahres schreiben

Einen richtig guten Tag haben

Die Farbe Gelb

»Das ist suboptimal«

Eine Beförderung

Nach einem Marathon ins Ziel kommen

Der erste Schnee

Eine Strubbelfrisur

Alle Umzugskartons fertig eingepackt haben

Das Osternest finden

Am Meer sein

Ein lustiger Songtitel

Pfannkuchen

Pünktlich sein

Eine heiße Tasse Tee an einem verregneten Tag

Den Sommerurlaub planen

Ein positives Tageshoroskop

Im Garten arbeiten

Eine Tour mit einem Boot

Reiten

Der Duft von frischem Kuchen

Lange schlafen

Auf einen Baum klettern

Mit Freunden kochen

Rosinen

Sonntage

Ein Marienkäfer

Ein Brot mit Butter und viel Honig

Die gute Stimmung bei einem Musikkonzert

Ein Gespräch mit einem Menschen, den man bewundert

Der eigene Vorname

Frühlingsgefühle

Stolpern und sich gerade noch auffangen

Eine Postkarte aus der Ferne

Den Kleiderschrank ausmisten

Ein Gänseblümchen

Eine Patchworkdecke

Ein buntes Zopfgummi

Zum ersten Mal Fahrrad fahren

»Halt die Ohren steif!«

Gute Neuigkeiten vom Zahnarzt

Mit Wasserfarben malen

Musik von Mozart

Aus einem Buch vorlesen

Zusehen, wie die eigenen Eltern sich umarmen

Rauschende Wellen

Eine lustige Fernsehshow

Onlineshopping

Ein schön gedeckter Tisch

Eine mathematische Gleichung lösen

Gedichte

Ein erfrischender Fruchtcocktail

Jemanden überraschen

Ein kuscheliges Kissen

Schoko-Bananen-Muffins

Über eine Brücke gehen

Das Wort finden, das einem erst nicht einfallen wollte

Sport

Einfach nicht ans Telefon gehen

Pizza

Ein interessanter Artikel in einer Zeitschrift

Einen Katalog anschauen und überlegen, was man kaufen könnte

Mittagessen bei einem Freund

Ein Meerschweinchen

Bei einem Brettspiel gewinnen

Ein Bilderbuch aus der Kindheit

Ahornsirup

Einen verlorenen Knopf finden

Ein neuer größerer Schreibtisch

Sich die Namen der neuen Arbeitskollegen merken

Risotto mit Garnelen

Kühlschrankmagneten

Ein Wellnesswochenende

Das Siegertor schießen

Gespitzte Bleistifte

Geburtstagskuchen

Warme Hausschuhe

Sommerschlussverkauf

Ein üppiges Frühstücksbuffet im Hotel

Ein Bonsai

Nach einer Erkältung wieder gesund werden

Pastelltöne

Ein Problem, das sich von selbst löst

In eine Buchhandlung gehen

Wenn der Postmann ein lang erwartetes Paket bringt

Ein altes Comicheft lesen

Aprikosenkonfitüre

Das Plätschern eines kleinen Bergbachs

»Lass den Kopf nicht hängen!«

Champagner

Sich etwas Besonderes gönnen

Einfach mal zu Hause bleiben

Selbst gestrickte Handschuhe

Eine große Entscheidung treffen

Doch noch eine neue Ausbildung beginnen

Sich das ganze Wochenende nicht rasieren

Ein Besuch im Theater

Kleine Hotel-Shampoos

Ein schönes altes Gebäude

Glückskekse

Ein Holzwürfel mit Tischgebeten

Die Zeitung lesen

Handcreme

Kartoffelsuppe

Delfine

Ein bunter Zaun

Yoga

Ein zugefrorener See

Über die Autobahn fahren

Ein Hundewelpe

Mit Legobausteinen spielen

Eine neue Pfanne ausprobieren

Winzige Espressotassen

Fitness mit einem Personal Trainer

Die Lieblingsjeans

Joghurt

Apfelstrudel

Den Gipfel erreichen

Ein Notizblock mit Smileys

Ein neuer Bikini

Ein Besuch im Zoo

Eine Party

Moustache-Anhänger

Socken mit kleinen Herzen

Überraschend Besuch bekommen

Ein schönes Bild aufhängen

Auf den Flohmarkt gehen

Bananen

Eine Pflanze für den Büroschreibtisch

Ein Küsschen auf die Wange

Erleichterung

Kerzen mit Kirschduft

Eine Symphonie

Eine alte Kamera mit Film

Ein Taschenmesser

Snoopy

Shrimps

Ins Kasino gehen

Ein Lebkuchenhaus

Lonesome Cowboys

Bücherregale

Ein bunter Bildschirmschoner

Muschelschalen

Zitronen

»Ein Mann, ein Wort«

Schuhe mit Fleecefutter

Ein alter Film in Schwarz-Weiß

Durch ein Teleskop schauen

Frieden

Früher von der Arbeit nach Hause gehen

Ein Abend ohne Fernsehen

Ein Schaumbad

Babysitter

Ski

Kuscheln auf dem Sofa

Schönheit

Bioprodukte

Eine schnelle Internetverbindung

Abendessen mit der Familie

Mopeds

Ein Sommerjob

Schokolade zum Frühstück

Große Füße

Einen Schauspielkurs besuchen

Durchs Unterholz gehen

Sich unter einem Mistelzweig küssen

Die Beatles

Konfetti

»Ich will nicht ohne dich leben«

Ein Brotkorb aus Holz

Apfel mit Karamellsoße

Die eigene Handschrift verfälschen

Ein Kirchenchor

Viele kleine Zöpfchen

Fischstäbchen

Sahne

Ein Ausflug in die Berge

Himbeeren

Die richtige Ausrüstung haben

Ein beleuchteter Weihnachtsbaum

Wissen, dass alle Rechnungen bezahlt sind

Schöne alte Marmeladengläser

Kühler Wind an einem heißen Tag

Die Antwort auf eine E-Mail

Ein Spaziergang

Ins Kino gehen

Nudeln aus dem Topf essen

Ein aufgeräumtes Zimmer

Yoga

Ein großes Küchenfenster

Ein Kreuzworträtsel

Surfen

Ein fröhliches »Hallo«

Zitronenscheiben im Wasserglas

Wenn ein Stau sich endlich auflöst

Den Lebenslauf aufpolieren

Der Wetterbericht in der Früh

Keramikbecher

Hausgemachte Pommes

Zeit

Gesund sein

Ein leerer Wäschekorb

Kaffeebraune Haare

Der Geruch von Tannennadeln

»Mein Name ist Hase«

Eine Carrera-Rennbahn

Das Geräusch einer elektrischen Zahnbürste

Ken und Barbie

Ein gestreifter Pyjama

Weiße Boxen aus der Konditorei

Überlegen, was man am Sonntag kochen wird

Etwas richtig gut können

Ein bewundernswerter Lehrer

Fantasie

Lustige alte Familiengeschichten

Schwarzer Humor

Auf Schatzsuche gehen

Sashimi

Tropische Hitze

Unlogische Schlussfolgerungen

Horsd'œuvres

Nach einem Regenguss ins Trockene kommen

Eine Pause

»Du bist ein guter Mensch«

Winzige Hunde

Ein pinkfarbener Pullover

Urlaubsmusik

Eine Künstlerkarriere

Ein Iglu bauen

Espresso-Cupcakes

Grün

Die Folgen einer guten Entscheidung

Ein privates Konzert

Gelächter

Ein spannendes Buch

Ein Bad mit Lavendelöl

Etwas, das hinunterfällt, gerade noch auffangen

Geburtstag haben

Geld in einer Tasche finden

Kätzchen in einer Kiste

Nach einer Reise wieder im eigenen Bett schlafen

Insider-Witze

Tattrige alte Männer

Wenn der Underdog gewinnt

Ins Auto einsteigen und hören, dass das Lieblingslied gerade im Radio gespielt wird

Zum ersten Mal Händchen halten

Formen in den Wolken entdecken

Elefantenbabys

Erste Klasse reisen

Tanzende Kleinkinder

Ein Regal voller Pokale haben

Wenn der Zufall einen genau zu dem führt, was man braucht

Wenn jemand einen an der Kasse vorlässt

Regenbogen

Ein altes Liebespaar

Wenn die Sonne verheißungsvoll durch rote Vorhänge scheint

Wenn Kinder Wörter erfinden, die es nicht gibt

Wild wachsende Blumen

Die Fußgängerzone

Leute, die von einer Seifenoper schwärmen

Eine Bar, die noch geöffnet hat

Ein tolles Gratisbuffet bei einem Event

Die eigenen Kinderfotos

Wenn die Kopfschmerzen endlich verschwinden

»Wir werden das Kind schon schaukeln«

Kaugummiblasen

Jemand, der gedankenverloren bei einem Lied mitsingt

Blühende Knospen an einem Kirschbaum

Sich etwas wünschen, wenn man eine Wimper vom Finger bläst

Eine saubere öffentliche Toilette

Ein Parkplatz direkt vor der Tür

Badeschaum

Etwas Ungesundes essen

Armkettchen

Good Hair Days

Zuckerwatte

Eine Fußmassage

Beeren direkt vom Strauch pflücken

Caffè Latte

Eine Dankeschönkarte

Den Korb treffen

Eine Narbe und die Erinnerung an das Abenteuer, von dem sie stammt

Ein lustiger Akzent

Gratisexemplare

Wenn jemand einen an der Kreuzung mit dem Auto aus der Seitenstraße lässt

Einen neuen Job finden

»Sein Licht nicht unter den Scheffel stellen«

Rotes Pesto mit getrockneten Tomaten

Eine Reise in die Rhön

Die Zuckerkruste auf der Crème brulée brechen

Good Luck Charms zum Sammeln

Radfahren lernen

Eine schöne Kindheitserinnerung

Ein hohes Trinkgeld bekommen

Ein Cabrio

Randnotizen in einem gebrauchten Buch

Die Begeisterung, mit der ein Hund einem Ball nachjagt

Einem Fremden helfen

Singende Kinder

Sich etwas wünschen beim Ausblasen der Kerzen auf dem Geburtstagskuchen

Wenn Leute ihren Haustieren verrückte Namen geben

Open-Air-Kino

Ein vorgewärmtes Handtuch

Schmetterlinge

Ein Straßenfest

Kaschmir

Der glückliche Schrei eines Fußballfans bei einem Tor

Über einen Promi lachen

Hip-Hop

Die Vorfreude auf Weihnachten

Beim Arzt nicht warten müssen

Aufgeschürfte Knie von einem Abenteuer

Ein Dankeschön

Wenn jemand aus einem Film zitiert und man der Einzige ist, der es versteht

Bingo

Wenn die Autoreparatur günstiger ist als gedacht

Ein Baby, das zum ersten Mal Brei isst

Ein Feuerwerk

Schadenfreude

Lustige Golfhosen

Ein Foto, auf dem man gut getroffen ist

Bunte Bilderbücher

Wenn die Benzinpreise sinken

Ein Schaukelpferd

Süße Limonade

Ostern

Straßenkreide

Ein Gratis-Upgrade im Hotel

Paris

Ein Computerproblem ganz allein lösen

Ein übrig gebliebenes Bier im Kühlschrank

Hässliche alte Passfotos

Ein englisches Pub

Fremde Hilfe annehmen

Eine Champagnerflasche öffnen

Ein schöner Traum

Pizza essen in Italien

Dass auch ein schrecklicher Tag irgendwann vorbeigeht

Die Mode der 1990er-Jahre

Zu Bonnie Tyler tanzen

Ein neonfarbener Schal

Souvenirs

Zitronentörtchen

Das erste Handy

Der eigene Instinkt

Ein Spitzname aus der Kindheit

Alte Schreibmaschinen

Friedlicher Protest

Den Ex treffen, der gar nicht mehr so gut aussieht

Nie mehr pubertieren müssen

Michael Jackson

Ein romantisches Buch

Blumenmädchen

Freiwilligenarbeit

Valentinstagsherzen aus Zucker

Schießbuden auf dem Jahrmarkt

Ein neues Wort lernen

Sandburgen

Sparen

Ofenkartoffeln

Zusehen, wie zwei Menschen sich umarmen

Sich selbst nicht ernst nehmen

Scones mit Sahne

Holzböden

Frisch geputzte Fenster

Mit dem Taxi fahren

Richtige Rechtschreibung

Die Worte »Ich hab dich lieb«

Wissen, dass man dieses Erlebnis nie vergessen wird

Eine Einladung auf Papier statt per E-Mail

Ein begehbarer Schrank

Karnevalskostüme für Kinder

Regen

Den Arm um jemandes Schulter legen

Eine Reise nach Mailand

Ein Puppenhaus

An einen schönen Abend mit Freunden denken

Eine Gitarre

Blaue Haarfarbe

Nachbarschaftshilfe

Dass jemand Hühnersuppe bringt, wenn man krank ist

Jo-Jos

Eine Klassenfahrt

Grillen

Das Leben

Wenn jemand über seinen eigenen Witz lacht

Eine rote Sandschaufel

Ein Pinguin

Eine weiße Rose

Eine Bleistiftzeichnung

Wandtattoos

Konzentrische Kreise

Ein Baby stillen

Ein Laptop mit Muster auf dem Gehäuse

Jemandem die Hand schütteln

Italienische Schuhe

Ein Haus bauen

Eine neue Kommode

Der Duft von frisch gewaschener Wäsche

Ein USB-Stick mit ganz viel Speicherplatz

Für ein Kind die Rinde vom Brot schneiden

Die verschiedenen Bezeichnungen, die es für das Brotende gibt

In der Fremde jemanden treffen, der dieselbe Sprache spricht

Ein alter goldener Schlüssel

Etwas finden, das der Partner schon lange vermisst hat

Sich als Kind eine Geheimsprache ausdenken

Eine originale Sonnenbrille aus den 1960er-Jahren

Eine schöne Überraschung bekommen

Wale

Sich ein kleines Stück Schokolade gönnen

Ein Glas selbst gemachte Marmelade aus dem Keller holen

Die Begeisterung, zu der nur Kinder fähig sind

Das erste Türchen des Adventkalenders öffnen

Wenn es am Weihnachtstag schneit

Eine Pyjamaparty

Alte Fotoalben

Eine Sternschnuppe sehen

Über einen Bach springen

Eine Reise nach Moskau

Jemandem einen guten Rat geben

Eine Rückenmassage

Das Lied der Schlümpfe

Thailändisch essen

Ein Tor beim Handball schießen

Der Name Malva

»Augen zu und durch«

Babymassage

Über sich selbst lachen können

Frisch geputzte Schuhe

Faulheit

Die Farbe Terrakotta

Antihaftbeschichtung in Pfannen

Ein Induktionsherd

Einen Dampfgarer kaufen

Ein Kind haben, das gern Obst und Gemüse isst

Nach dem Sport wissen, dass man seinem Körper etwas Gutes getan hat

Karamell selber machen

Das Tröten von Elefanten

Bunte Stoffwindeln für Babys

Das Wissen, dass nichts ohne Grund geschieht

»Ich könnte Bäume ausreißen«

Eine Wette gewinnen

Sich Nachschlag vom Dessert holen

Silvester im Urlaub verbringen

Die Kunst des Wartens

Ernsthaftigkeit

Jemandem zuhören

Über den roten Teppich gehen

»Es gibt nichts Gutes, außer man tut es«

Außer Rand und Band sein

Sich bei der neuen Firma vorstellen und den Job sofort bekommen

Einen Freudentanz machen

Das Wissen, dass man etwas Außerordentliches geleistet hat

Der Ausdruck »Backfisch«

In der Menge baden

Das Wort »bärenstark«

»Da steppt der Bär«

Freie Bahn haben

Auf sein Bauchgefühl vertrauen

Mit seiner Intuition richtig liegen

Etwas so machen, wie man es selbst für richtig hält

Sich Ratschläge anhören und nicht befolgen

Sich selbst vertrauen

Als Lektor ein überragendes Manuskript bekommen

Die neue Rechtschreibung beherrschen

All die Dinge, die einem wichtig sind

Ein Buch lesen, das einen tagelang nicht loslässt

Nach Herzenslust lachen

Knödel mit Speck

Kartoffeln mit Rahm und Schnittlauch

Der Moment, wenn es an Weihnachten wieder ruhig im Haus wird

Die Katze nach langer Suche endlich finden

Wenn die Katze entlaufen ist und jemand sie nach Hause bringt

Rote Wangen haben

Mit Kastanien basteln

Heiße Zitrone

Ein Aha-Erlebnis

Die Startseite im Browser festlegen

Einen Schnulzenroman lesen

Independent-Filme

Dehnübungen

Sich so ausdrücken, dass jeder einen versteht

Schmetterlinge im Bauch haben

Weiche Knie haben

»Fit wie ein Turnschuh«

Wolkenschlösser bauen

Die Verrücktheit von Schloss Neuschwanstein

Die Bazillen besiegen

Jemandem auf den Hintern hauen

Wenn jemand ein Auge zudrückt und einen davonkommen lässt

Mit beiden Beinen im Leben stehen

Sich einer Sache ganz sicher sein

Für jemanden ein Vorbild sein

Ein Idol haben

Das Studium abschließen

Glückwünsche entgegennehmen

Wenn zum runden Geburtstag alle Freunde und Verwandten zum Feiern kommen

Einen großen Freundeskreis haben

Etwas in Ruhe unter vier Augen besprechen

Ein Schlüsselanhänger vom Urlaubsort

Eine Pinnwand mit vielen Postkarten, Notizzetteln und Erinnerungsstücken

Jemandes »bessere Hälfte« sein

Sich endlich outen

Unterstützt werden

Gute Karten haben

»In guten Händen sein«

Sich von seiner besten Seite zeigen

Nach einer Krankheit das erste Mal wieder hinausgehen können

Jemanden bezirzen

Sich vorstellen, im Zirkus zu arbeiten und immer umherzuziehen

Liebevolle Post-it-Nachrichten

Auf dem Flohmarkt in alten Postkarten stöbern und sich Geschichten zu den Menschen ausdenken

Apfelsaft

Mojito

Die fröhlichen Lieder von Bruno Mars

Wenn jemand sich entscheidet, eine Entziehungskur zu machen

»Wetten, dass ..?«

Sich ganz auf den Geschmack des Essens konzentrieren

Spielende Kinder

Hilfe anbieten statt Ratschläge

Spenden

Sein Herzblut in eine Sache stecken

Auf dem Foto für den neuen Reisepass überraschend gut aussehen

Ironie

Intelligenz

Ruhephasen

Sich eine Auszeit nehmen

Drei Schokoriegel hintereinander essen

Zurückhaltung

Einander wissende Blicke zuwerfen

Sich nicht daran stören, dass einen niemand versteht

Dunkin' Donuts

Den verschneiten Garten betrachten

Ein Winterspaziergang durch den verschneiten Wald

Absolut motiviert sein

Ein Seifenkistenrennen machen

Gedankenverloren aufs Wasser schauen

Neue Wanderschuhe haben und keine Blasen bekommen

Alte Sachen auf dem Flohmarkt verkaufen

Ein Straßenfest organisieren

Eine brennende Kerze in einem dunklen Raum

Eine Kaschmirdecke

Ein alter Jaguar

Zugeben, dass der andere recht hat

Ehrlich zu sich selbst sein

Ein unmoralisches Angebot ablehnen

Wenn die Kirchturmuhr die Zeit anschlägt

Die Kraft, die es einem gibt, wenn man an etwas glaubt

Murmeln

Ketchup

Online-Wörterbücher zum schnellen Nachschlagen

Aus Fehlern lernen

Ein sehr emotionales Lied

Sonnenschein bei eisigen Temperaturen

Wenn der Wind sich dreht

Die alten Schlager von Karel Gott

Charme

Strahlend blaue Augen

So richtig heiß auf jemanden sein

Einen schönen Teint haben

Ein Dreitagebart

Das Eis brechen

Die Zeit haben, um stundenlang in einer Buchhandlung zu stöbern

»In Champagnerlaune sein«

Lametta

Coffee to go

Ein Film mit George Clooney

Bei einem Thema mitreden können

Sich auch endlich die Serie im Fernsehen anschauen, von der alle reden

Als Heinz Rühmann »La le lu« sang

Die Fähigkeit, sich zu erinnern

Dass man sich jeden Tag neu entscheiden kann, was man im Leben machen möchte

Chancengleichheit

Ein Unentschieden

Beim Einkauf an der Kasse alle Centstücke loswerden

Großzügigkeit

Ein Dach über dem Kopf haben

Jemandem einen verdienten Dämpfer verpassen

Ein anregendes Gespräch führen

»Nichts zu danken«

Höflichkeit

Einen Denkzettel bekommen, den man nötig hat

Ein dickes Fell haben

Sich in einer Diskussion behaupten können

Das Wort »Dreckspatz«

Die Vertraulichkeit des Duzens

Die Zusammenhänge begreifen

Nicht mehr im Dunkeln tappen

Des Rätsels Lösung finden

Tae Bo

Kleingeld in eine Spendenbox werfen

Zimmer mit Aussicht

Pfefferminzbonbons

Die Begeisterung von Kindern für Bücher

Wenn ein Kind ein Lied mit falsch verstandenem Text nachsingt

Aura-Soma

Allradantrieb

Behaglichkeit

Das Auto putzen lassen

Power-Yoga

Vor Energie übersprudeln

Apfelwein

Brainstorming

Richtig gute Ideen haben

Lego nach Farben sortieren

Die Art, wie man seinen Kaffee trinkt

Eleganz

»Wow!«

Eine erfolgreiche Diät machen

Den Job wechseln und nicht mehr nachts arbeiten müssen

Das Wort »Nachtschwärmer«

Kitsch

Eine alte Uhr, die der Großmutter gehörte

Gute Plätze im Konzert haben

Dass Amazon so praktisch ist

Winzige Babykleidung

Schreiben

Polenta

In einem Büro mit Fenstern arbeiten

In einem Cottage übernachten

Holz hacken

Eine Teedose aus dem Orient

Bilder aus Zeitschriften ausschneiden

Jahrhundertealte Bäume

Sich brennend für etwas interessieren

Route 66

Sich die Haare selbst färben und ein optimales Ergebnis bekommen

Ein Dreirad

Die Blumen gießen

Badeschaum

Herzförmige Dekostecker für die Zimmerblumen

Verdunkelungsvorhänge

Bunte Malseife für die Badewanne

Jalousien

Ein Orgasmus

Selbst einen Comic zeichnen

Eine Spitzenbordüre

Schlagfertigkeit

Sarkasmus

Ein Feuerwehrauto zum Spielen

Sandspielzeug

Noch wach sein, wenn alle anderen schlafen

Formen für Sandkuchen

Der perfekte Druckbleistift

Zum ersten Mal miteinander schlafen

Eine Taschenlampe

Dass es Kräne gibt

Im Regen spazieren gehen

Das Quaken eines Froschs, den man nicht sehen kann

Grinsen

Selbst Vorhänge nähen

Sich das Lachen nicht verkneifen können

Rote Haare und Sommersprossen haben

Gerahmte Fotos aufhängen

Eine Uhr, die nur ganz leise tickt

Bunte Wäscheklammern

Marienkäfer

Eine fröhliche Weckmelodie

Radiergummi

Ein Pausenbrot bekommen

Bei jemandem auf dem Schoß sitzen

Taschengeld

Babyrasseln

Der schokoladenverschmierte Mund eines Kindes

Allen erzählen, dass man schwanger ist

Nicht gerade mit der Schere schneiden können

Der Tiger und der Bär von Janosch

Eine schicksalhafte Begegnung

Bobby-Cars

Sich die wichtigsten E-Mail-Passwörter auswendig merken

Dass man über WhatsApp gratis mit Freunden in aller Welt schreiben kann

Ein Strichmännchen zeichnen

Beim Telefonieren gedankenverloren auf einem Zettel herumkritzeln

Die eigenen Kinder ansehen und das Gefühl haben, etwas richtig gemacht zu haben

Jeden Morgen mit einem Kuss geweckt werden

Zum ersten Mal den Schlüssel in der Tür zum eigenen Haus drehen

Eine Serpentinenstraße

Einen Jahrtausendwechsel erlebt haben

Für einen Tag einen schnellen Sportwagen ausleihen

Zu wissen, was man will

Sich einer Sache absolut sicher sein

Die beeindruckende Klugheit von Menschen wie Albert Einstein

Dass Dachrinnen so praktisch sind

Erneuerbare Energie

Einen Hügel hinaufgehen, ohne außer Atem zu kommen

Spüren, dass das Fitnesstraining schon Ergebnisse zeigt

Ausdauernd sein

Wenn die eigenen Großeltern noch fit und gesund sind

Die eigene Angst überwinden

Superweiches Klopapier

Überschwänglich begrüßt werden

»Jemandem den Weg ebnen«

Ein Fleck grüner Rasen, wo vorher nur Schutt war

Ein Bücherblog betreiben und von den Verlagen mit Gratis-Leseexemplaren versorgt werden

Zum ersten Mal sagen können: »Das ist mein Mann«

Einen Roman aus dem Land lesen, in das man reisen wird

Ein Ehrenwort

Nach seiner Telefonnummer gefragt werden

Jemanden erschrecken

Die innere Uhr

Die Ninja Turtles

Touchscreens

Tiefe Entspannung

Realistisch bleiben

iClouds

Jemanden mit offenen Armen empfangen

Endlich den Hintern hochkriegen

Ein Engelslächeln

Sich nicht darum kümmern, dass die Fenster dreckig sind

Den Koffer packen

Nicht nur an sich selbst denken

Die Internetseite DaWanda

Eine Vorahnung haben, die sich als richtig erweist

Etwas träumen, das dann tatsächlich geschieht

»Der Himmel auf Erden«

Die Zügel in die Hand nehmen

Naturbelassene Materialien

Viel zu viel Energie haben

Ein Kopfsprung ins Wasser

Edith Piaf

Früher ein Fan von Take That gewesen zu sein

Schwärmerei

Sich versöhnen

Respekt

Ein Tiefkühlfach haben

»Aus der Reihe tanzen«

Alte Markscheine

Einfach losfahren, ohne zu wissen, wohin

Kaffee mit einem Hauch Karamell

Sich mit bunten Farben umgeben

Eine ruhige Nachbarschaft

Ein ganzer Tresen voll unberührter Torten

Butternuss

Gemeinsam spielen

Pancakes backen

Apfelkompott

Drachenfrucht

Sich entschließen, eine schlechte Eigenschaft abzulegen

Einen ganzen Nachmittag faul vor dem Fernseher verbringen

Der persönliche Lieblingsplatz

Wieder in das gleiche Hotel reisen, weil es dort so schön war

Neue Sneakers

Die Weihnachtsgeschenke für die Kinder einpacken und sich dabei auf ihre strahlenden Augen freuen

In einem Laden genau das finden, was der Partner sich schon lange wünscht

Nougat

Sich erinnern, welche Poster man als Teenager im Zimmer aufgehängt hatte

Superwarme Stiefel

Stiefel mit gutem Profil

Urlaubsfotos per Mail verschicken

Die Vorlieben des Partners genau kennen

Seelenverwandtschaft

Ein richtig tolles Kochbuch

Aus Liebe zu Tieren beschließen, kein Fleisch mehr zu essen

Einen Fehlkauf umtauschen

Etwas, das man doppelt hat, weiterschenken

Sich von den Babysachen trennen, weil die Kinder inzwischen groß geworden sind

Zahnseide

Schnell reagieren

Kulleraugen

Wissen, dass etwas für immer so sein wird

Verlässlichkeit

Gemeinsam eine Herausforderung meistern

Nicht das Bedürfnis haben, von jedem gemocht zu werden

Etwas auf die leichte Schulter nehmen

Jemanden beschützen, der ausgelacht wird

Das Leben als Reise sehen

Ein verwickeltes Seil mit viel Geduld entwirren

Die Kinder im Garten mit dem Gartenschlauch abspritzen

Ein aufblasbares Planschbecken

Fliegenfischen

Benutzerfreundlichkeit

Freundlicher Service

Ein edles Teeservice

Die exotische Schönheit von Geishas

Sich im Urlaub von einem Straßenkünstler zeichnen lassen

Das Wort »bitte«

Die Kerzen auf der Geburtstagstorte nicht zählen

Ein T-Shirt mit einer Sonne drauf

Ein genialer Einfall

»Du bist ein Glückskind«

High Five mit einem Kind

Der Ausblick vom Gipfel

Vanilleeis

Wenn ein Baby zum ersten Mal etwas mit den Händen halten kann

Juli

Schöne Weihnachtskarten schreiben

Zufrieden sein Werk begutachten

Eine Reise nach Barcelona

Wie ein Kind auf dem Spielplatz schaukeln

Ein Erdbeerfeld

Eine Facebook-Gruppe mit Gleichgesinnten

Blaue Wimperntusche

Puttenengel

Sich im Hochsommer an einem Brunnen abkühlen

Eine Reise nach Cannes

Im Jetzt leben

Mehr als einen Vornamen haben

Beim Armdrücken gewinnen

Indie-Buchverlage

Ein lasziver Augenaufschlag

Wertvollen Schmuck vererbt bekommen

Auf einem Flohmarkt die eigenen Fehlkäufe loswerden

Sich jung fühlen

Rotes Geschenkband mit weißen Punkten

Die eigene Schüchternheit überwinden

Wissen, dass man ein bisschen verwöhnt ist

Im Duty-free-Shop einkaufen

Eine Gartenlaube

»Die Feuertaufe bestehen«

Filz

Fingerspitzengefühl

Wenn der Computer abstürzt und man vorher noch alles gespeichert hat

Einen neuen Arbeitskollegen bekommen, mit dem man sich gut versteht

Michael Bublé

Eine Leidenschaft für Musicals

Bienen

Nach Hause kommen

Die Erfindung des Föhns

Einen Freibrief haben

Der Ausdruck »Fressalien«

Zum ersten Mal in eine Hose passen, die eine Nummer kleiner ist

Wenn die Funken fliegen

Ginseng

Das Glas als halb voll betrachten

Genau wissen, welche Farben einem stehen

Wehmut

Sich liebevoll an jemanden erinnern, der gestorben ist

Liebevoll ein Grab pflegen

Wenn zwei alte Menschen sich im Seniorenheim ineinander verlieben

Jeden Tag mit dem Fahrrad zur Arbeit fahren

Wasserdichte Fahrradtaschen

»Something stupid« von Frank Sinatra

Ein mit Käse überbackenes Brötchen

Magie

Liebe

Ein gutes Virenschutzprogramm

Ein Mittel gegen das Schnarchen finden

Dreadlocks

In einer alten Telefonkabine telefonieren

Wissenschaft für Kinder

Eine Windmühle

Ein riesengroßer Ozeandampfer

Ein Kreuzanhänger aus Gold

Bernstein

Sich am Buffet bedienen

Einen Film so oft gesehen haben, dass man die Dialoge mitsprechen kann

Kunst sammeln

Das Licht am Ende des Tunnels sehen

Blauschimmelkäse

Die Gischt

Eine Gänsehaut am ganzen Körper bekommen

Wenn das Auto beim dritten Versuch doch noch anspringt

Ondulierte Haare

Aufs Ganze gehen

Einfach Spaß haben

Einen Schwindel aufdecken

Ein Gartenzwerg

»Das ist gebongt«

Ein gutes Gefühl haben

Sich einen Ruck geben

Ein Duett singen

Sein Herz verschenken

Zu wissen, dass man nie mehr derselbe sein wird

Sich keine Sorgen um Geld machen müssen

Ein bisschen gemein sein

Neugier

Ein Gewohnheitstier sein

Ein Glücksgriff

Ein knuddeliges Stofftier mit Glupschaugen

Ein goldener Herbst

David gegen Goliath

Grapefruit

Jemandem nicht mehr böse sein

Gurkensalat mit Joghurtdressing

Die Minibar im Hotelzimmer

Karamellisierte Zwiebelringe

Sturheit

Die Farbe von Rost

Ein komplett mit Efeu bewachsenes Haus

Eine Reise gewinnen

Zwillinge bekommen

Die Ewigkeit

Der Ausdruck »Hallodri«

Einen Triumph auskosten

Ein Ass im Ärmel haben

In einem Hotel mit Kinderprogramm Urlaub machen

Das Augenmaß

Ein Handwerk beherrschen

Der Ausruf »Heidewitzka!«

Das Herz am rechten Fleck haben

Nur mit einem Schreck davonkommen

Im Hintergrund die Fäden ziehen

Dass Hochmut vor dem Fall kommt

Das Wort »Hüftgold«

Tai-Chi

Den Kuchen essen, solange er noch warm ist

Jeder Hund, der nicht bellt

Das Tüpfelchen auf dem i

Diplomatie

Dass Irren menschlich ist

Sich keine Sorgen machen

Unbeschwert sein

Freudentränen

Blaumachen

Der Ausdruck »Chuzpe«

Farbe bekennen

Die Flitterwochen

Etwas im Handumdrehen schaffen

Hummeln im Hintern haben

Bis zur Sperrstunde bleiben

Ein Whirlpool für zwei

Ein Soufflé, das nicht zusammenfällt

Das persönliche Lieblingslied

Minikartoffeln

Ein Pashmina-Schal aus Indien

Architektur

Zeichenunterricht nehmen

Eine Aufnahmeprüfung bestehen

Schokoladenlikör

Das tun, was man am liebsten tut

In einem Antiquitätenladen stöbern

Crêpes

Ein Leuchtturm auf einer kleinen Insel

Jede Art von Keks

Ein Käsefondue

Jemandem zuhören, der Schweizerdeutsch spricht

Gebackener Käse

Ein Sandwich auspacken

Das Stimmrecht ernst nehmen und zur Wahl gehen

Porzellan

Mondlicht, das durchs Fenster fällt

In eine Pfütze stampfen

Einer großen Gruppe etwas vorlesen

Das Buch, das man schon öfter als einmal gelesen hat

Das »Swisch«-Geräusch einer Drehtür

An der Kinokasse anstehen und sich auf den Film freuen

Eine Jeans mit Löchern

Der Rauch eines Lagerfeuers

Fisch grillen

Eine alte Uhr reparieren

Ein Genuss, den man sich nur selten gönnt

Sonnige Farben

Gerade noch nach Hause kommen, bevor ein Sturm losbricht

Angeln

Schokoladensoße

Pfirsiche

Wissen, dass man den Menschen getroffen hat, mit dem man Kinder bekommen möchte

21 werden

An Silvester ein edles Luxusdinner genießen

Im Freien schlafen

Rollschuhfahren lernen

»Du bist toll«

In der Bar wie Teenager kreischen, wenn ein alter Lieblingssong gespielt wird

Ein Kind umarmen

Baumwolle

Gelassenheit

Wenn ein Kind zum ersten Mal den eigenen Namen schreibt

Ernie und Bert

Mohn

Heiße Schokolade mit Gewürzen

Schokopudding

Schimpfwörter sagen

Nicht alles für selbstverständlich halten

Lachen, bis der Bauch schmerzt

All die Menschen, die einem am Herzen liegen

Einen eigenen Cocktail kreieren und sich einen Namen dafür ausdenken

Ein alter Heinz-Rühmann-Film

Solarzellen

Ein Kochbuch nur für Suppen

Tango tanzen

Mit alten Gewohnheiten brechen

Der rote Faden

Auf sich achten

Etwas Schönes wiederentdecken

Ein Katerfrühstück

Klartext reden

Sich trauen, direkt zu sein

Klatsch und Tratsch

»Die Klippen umschiffen«

Einen Knoten binden, der richtig gut hält

Wenn alle eine Magen-Darm-Grippe haben und man sich als Einziger nicht ansteckt

Den Moment genießen

Sich für die Party fertig machen

Eine neu asphaltierte, glatte Straße

Pesto aus getrockneten Tomaten

Schirmplatanen

Das beeindruckende Panorama der Bergwelt

Eine Außensauna

Kristalle

Ein rekonstruiertes Keltendorf besuchen und sich vorstellen, wie die Menschen damals gelebt haben

Der Stolz auf das eigene Wissen

Sich nicht dreinreden lassen

Zumba

Ein Thermenurlaub

Das erste Mal im Winter wieder auf den Skiern stehen

Germknödel mit Vanillesoße

Mundgerechte Stücke

Die Erzählungen der Eltern und Großeltern aus einer vergangenen Zeit

Alte bemalte Tablettendöschen

Sich sein liebstes Müsli im Internet selbst zusammenstellen

Eine Thermoskanne mit heißem Tee

Handschuhe, bei denen die Finger frei sind

Exzentrisch sein

Eine Sammelleidenschaft

Wenn alles nach Plan läuft

Alles zusammenpacken für einen Tag am Meer

Etwas als Erster erfahren

Sich auf das neue Buch des Lieblingsautors freuen

Einen Magneten als Souvenir mit aus dem Urlaub nehmen

Die Ärmel hochkrempeln

Stachelbeeren

Ein Liebesgedicht schreiben

Ein Neugeborenes im Arm halten

Ein neues Salatdressing erfinden

Oktober

Das weihnachtliche Festmahl

Eine neue Erfahrung machen

Die Badewanne einlassen

Champignons

Kräuter portionieren und zum Kochen einfrieren

Dass es so viele Pastasorten gibt

Jemandem einen schönen Ort zeigen, den er nicht kennt

Kreativität

Sich attraktiv fühlen

Die drei Dinge, die man auf eine einsame Insel mitnehmen würde

Optimismus

Niesen müssen und von einem Fremden ein Taschentuch gereicht bekommen

Sahnebonbons

Sich mal ein bisschen gehen lassen

Die Farbe Orange

Blut spenden

Die Friedlichkeit des Buddhismus

Die Natur

Plappernde Souvenirverkäufer

In einem fremden Land mit offenen Armen empfangen werden

Eine Sitzbank aus Stein

Der Fischmarkt

Zu akzeptieren, dass man nicht alles wissen kann

Ein Haus, in dem es angeblich spukt

Eine sehr alte Kirche

Wenn im Frühling alle Cafés wieder die Tische und Stühle nach draußen stellen

Schnell gehen, ohne zu rennen

Wie ein Profi schwimmen

Einen Schaukelstuhl ins Wohnzimmer stellen

Sich in ein Möbelstück verlieben

Mit Brot die Soße vom Teller tunken

Die Milchstraße

Eine ausgedehnte Mittagspause

Perfekte Augenbrauen

Wenn in der eigenen Stadt ein Film gedreht wird

Die Kinder bei einem Spiel gewinnen lassen

Die Details

Lebensmittelfarbe

Nüsse knacken

»Relax« von Mika

Inspiration

Spielsachen für kleine Katzen

Die Evolution

Die Fidschi-Inseln

Venedig

Ein Buch mit einem auffälligen Cover

Der Mount Everest

Das Wissen, das Richtige getan zu haben

Jemanden nicht anlügen, obwohl es einfacher wäre

Wenn sich im Herbst die Blätter verfärben

Der Ausdruck »Crème de la Crème«

»Sich kringeln vor Lachen«

Ein wirklich guter Verkäufer sein

Ein Auto reparieren können

Schwindelfrei sein

Die Toskana

Ein Tag frei von Stress und Sorgen

Zeit für sich haben

Einen Dialekt nachahmen

Kunst

Wortketten

Sich die Zeit nehmen, jemandem einen Brief mit der Hand zu schreiben

An jemanden denken

Die geschäftige Stimmung an einem Flughafen

Ein Stilbruch

Ein frisches weißes T-Shirt

Wenn der Mann seine Hemden selbst bügelt

Wenn jemand sehr schüchtern ist

Enger Kontakt zu den Nachbarn

Sich wünschen, sehr alt zu werden

Einen ungewöhnlichen Namen haben, den man sehr gern mag

Intensive Gefühle

Nicht länger einsam sein

Das Leben auskosten

Andersartigkeit

Eine originelle Idee

Die Kinder vom Kindergarten abholen

Schneller sein als die anderen

Vertrauen

Einen Volltreffer landen

Eine Arschbombe

Im Italienurlaub eine Vespa ausleihen

Tex-Mex

Eine eigene Band gründen

Mit der eigenen Band erfolgreich sein

Ein Comeback

Lebenskunst

Philosophie

Als Musiker um die ganze Welt reisen und überall auftreten

Ein verspiegelter, beleuchteter Ballsaal

Historische venezianische Masken

Müßiggang

Von der Muse geküsst werden

Wenn einem jemand hilft, eine richtig gute Bewerbung zu schreiben

Talent

Wenn der Hund alle Kommandos befolgt

Das letzte Wort haben

Die rosarote Brille

Platonische Liebe

Sich selbst spüren

Nach dem Sport erschöpft ins Bett fallen

Sich einseifen

Die Kunst des Loslassens

Einfachheit

Grenzwertige Manieren an den Tag legen

Frühmorgens durch die ruhigen Straßen joggen

Die Matratze umdrehen

Die Rituale einer Katze

Bodypainting

Lang und heiß duschen

Die Legende von Atlantis

Zu zweit in der Badewanne liegen

Schöne lange Wimpern

Über einen umgekippten Baumstamm balancieren

Über eine schmale Holzbrücke gehen

Frühstück im Café

Ein Hochseilgarten

Eine rote Bank vor einem weißen Haus

Gute Neuigkeiten

Beim Arzt sofort drankommen

Jemanden alles fragen können

Wenn sich ein Verdacht nicht erhärtet

Häkeln

Ein Servicemitarbeiter, der einem sofort helfen kann

Eine Hot-Stone-Massage

Ein Orchester dirigieren

Selbstbewusstsein

Gauklerblumen

Zu sehen, wie jemand sich freut

Daisy Duck

Das Lieblingsgericht aus der Kindheit

Ein Fußkettchen

Schilf

Ein plätscherndes Geräusch

Das Land der Träume

Kork

Eine Figur aus Holz schnitzen

Boomerangs

Gedankenverloren an einem Stück Holz herumschnitzen

Die neueste Mode der Saison

Selbst Pfeil und Bogen basteln

Mit Gutscheinen einkaufen gehen und nichts bezahlen müssen

Eine lustige Vogelscheuche

Wild sein

Richtig fest in die Pedale treten

Eine Feder auf dem Hut

Sudokus lösen

Zwei zum Preis von einem bekommen

Genug Kleingeld für das Parkticket haben

Die Preisschilder von den neuen Sachen abreißen

Tierfilme

Wenn jemand das Preisschild auf dem Geschenk vergessen hat und man sehen kann, dass es sehr teuer war

Ein Nationalpark

Aquädukte

Ein Wellnessurlaub

Alles im Griff haben

Ein Fotobuch zur Erinnerung basteln

Eine Schokoladenmanufaktur besichtigen

Papierflieger

Ein ferngesteuertes kleines Flugzeug lenken

Schnuppern

Ein Zauberkästchen

Samtene Stimmen

Die Wunder der Natur

Der Ausdruck »Simsalabim«

Leichter Seegang

Mit einem Glöckchen alle zum Essen rufen

Lange die Luft anhalten können

»Pass auf dich auf«

Ein Elternabend

Sich nach all den Jahren immer noch lieben

Waffeln

Alte Disketten

Das Wissen, dass man früher nicht immer und überall erreichbar war und das auch in Ordnung war

Winterabende

Die Uhren auf Sommerzeit umstellen

Ein Jaguar

Die simplen Dinge

Eloquenz

Sehr schnell SMS tippen können

Das eigene Elternhaus besuchen

Den Kindern zeigen, wo man aufgewachsen ist

Straßenmusiker

Einen Kuchen kaufen, statt einen zu backen

Flüstern

Backpacking

Ballett

Im Judo richtig gut sein

Ein verheißungsvolles Wispern

Herzlichkeit

Nicht mit Floskeln abgespeist werden

Menschliche Wärme

Tag und Nacht

Bescheidenheit

Sich anfreunden

Frisch gepresster Saft to go

Neue Freunde gewinnen

Eine Hochsteckfrisur

Jemanden überzeugen

Zum ersten Mal auf einem Pferd reiten

Ein Buch mit 1000 Seiten

Eine Glückssträhne haben

Der Schutz der Dunkelheit

Aus dem Touristentumult ausbrechen und in eine Seitenstraße abbiegen

Ein spannender Krimi im Fernsehen

Gnade

Berühmt werden, wenn man es sich immer gewünscht hat

Gedächtnistraining

So akzeptiert werden, wie man ist

Der Geruch von Metall

Sich nicht um das Wetter kümmern

Ein Schottenrock

Das Geräusch einer zerplatzenden Kaugummiblase

Die zum Wetter passende Kleidung tragen

Ein Bonus

Eine Reise nach Dänemark

Sich nicht irritieren lassen

Ein hilfreiches Inhaltsverzeichnis

Komfort

Behaglichkeit

Im Rampenlicht stehen

Ein großes Hotelzimmer

Die Aufmerksamkeit auf sich ziehen

Beachtet werden

Ein Glückspilz sein

Haarspangen mit Blumen

Immergrün

Etwas erzählen und alle hören zu

Kaktusfrüchte

Sich auf morgen freuen

Wenn Kinder selbstvergessen spielen

Ein Dom

Am Flughafen einchecken

Ein Auslandssemester machen

Ein imposantes Bauwerk

Sich wundern, wie die Pyramiden gebaut wurden

Unlösbare Rätsel

Gutes tun

Erleichterung

Ein Buch in der Originalsprache lesen

Etwas Gutes tun und darauf vertrauen, dass es zu einem zurückkommt

Lustige Dialekte

Ohrringe aus Stoff

Schimmern

Sich durchkämpfen

Kronleuchter

Nette Kommilitonen

Studentenfeste

Ein Boot steuern

Pralinen als Dankeschön bekommen

Zuneigung

Eine Kapitänsmütze

Fröhlichkeit

Ein Lied pfeifen

Falsche Wimpern

Sich nicht ausnutzen lassen

Den Schirm im Taxi vergessen und es in letzter Sekunde bemerken

Eine lustige Duschhaube

Eine chemische Formel verstehen

Wenn der Schmerz nachlässt

Dass man mit einem Laptop auch im Garten arbeiten kann

Den Kreislauf in Schwung bringen

Ein Hollandrad

Osteopathie

Holistic Pulsing

Hightech

Beruhigende Worte

Jemandes Hand halten, wenn er Angst hat

Stylingtricks

Etwas wagen

Für sich selbst einstehen

Arganöl

Seine Träume verwirklichen

Eine nette Zugbekanntschaft

Know-how

Euphemismen

Trolleys zum Transportieren von schwerem Gepäck

Ein Regenmantel

Liebesbezeugungen

Açai-Beeren

Sich in der Öffentlichkeit küssen

Biosphärenreservate

Mit der Fähre fahren

Einen Radträger auf dem Autodach haben

Naturschutzgebiete

Sommersprossen

Wenn die Wolken sich verziehen

Eine kleine Insel im Meer

Ein Wanderausflug

Beim Kuchenbacken vom Teig naschen

Bananen

Eine Liebeserklärung machen

Mit dem Rauchen aufhören und stolz darauf sein

Einen Brief ans Christkind schreiben

Ein Adventskalender mit kleinen persönlichen Botschaften

Juni

Wenn die Lieblingsspeise als Tagesgericht auf der Karte steht

Mozart für Kinder

Einen Zaun weiß streichen

Yucca-Palmen

Getröstet werden

Sich Ohrlöcher stechen lassen

Eine Kindergeburtstagsparty

Rock 'n' Roll

Der Name Felix

Auf einem Xylofon klimpern

Die Steuererklärung machen und eine Rückzahlung bekommen

»Es ist nicht aller Tage Abend«

Fair produzierte Lebensmittel kaufen

Die Erfindung der Digitalkamera

Bunte Schuhbänder in schwarzen Schuhen

Blütenwasser

Den letzten Parkplatz ergattern

Kräutercremes

Die Verfügbarkeit von Strom

Die Erfindung von Elektrizität

Honigseife

Azurblau

Wirksamer Hustensaft

Ein kleiner Ventilator an einem heißen Sommertag

Ein Drink mit Eis

Resilienz

Konstruktive Kritik

Im Stehen essen

Einen Konflikt klären

Ein ganzes Abteil im Zug für sich allein haben

Sich die schönen Gefühle erhalten

Eine Tasche nähen

Das Programm »Granny Au-pair«

Projekte, bei denen alte und junge Menschen zusammenarbeiten

Der Geruch von Sonnenmilch

Wellen

Urlaub auf dem Bauernhof

Die ersten Tulpen auf der Wiese

Einen Pokal gewinnen

Naschkatzen

Ein Zufall, der eigentlich keiner sein kann

Selbst Chutney machen

Eine reife Birne

Nach Omas alten Rezepten Gemüse einkochen

Der erste Bissen der Lieblingsspeise

Wie früher mit den Eltern einen Sonntagsausflug machen

Vor Stolz fast platzen

Eine Familie gründen

Die ersten Schritte eines Kindes

Eine frische Kokosnuss essen

September

Wenn alle den Verlobungsring bestaunen

Das perfekte Weihnachtsgeschenk für jemanden finden

Früh schlafen gehen

Tennis spielen

Selbst ein Vogelhaus bauen

Mensch ärgere dich nicht spielen

Wenn aus einem Arbeitskollegen ein Freund wird

Eingeladen werden

Alles in die Geschirrspülmaschine hineinbekommen

Früchte aus dem eigenen Garten essen

Vorfreude

Für jemanden etwas nähen

Gefüllte Gemüse-Crêpes

Eine Entschuldigung

Grießflammerie

Döner

»I love«-Sticker

Bulgur

Eine Glühbirne zum Wechseln haben

Ein bisschen Glamour im Alltag

Wimmelbücher

In einer ruhigen Seitenstraße wohnen

Preiselbeeren zum Schnitzel

Tiere mit langen Schlappohren

Die Filmvorschau im Kino

Mitglied in einem Schwimmverein sein

Glaubwürdigkeit

Bewegung

Gerechtigkeitsempfinden

Herzensorte

Tipps für Kurztrips

Eine friedliche Stimmung

Herumwerkeln

Naturkosmetik

Nach der Gartenarbeit Dreck unter den Nägeln haben

Die Erntezeit

Shabby Chic

Sich für etwas starkmachen

Empowerment

Ingwer

Hilfe gegen Migräne

Selbstwirksamkeit

Understatement

Sorgfältige Vorbereitung

Eine Landherberge

Nicht alles planen können

Die Lauenburger Seenplatte

Kuschelplätze

Ein Langschläferfrühstück

Sehnsucht nach der Natur

Natürlichkeit

Die Farbe Flieder

Eine Lomokamera

Wuchernde Pflanzen

Ohrstöpsel

Nachhaltigkeit

Die vier Elemente

Tief einatmen

Geduld

Die Wildnis

Einfach mal raus

Ein Beet pachten

Hilfe gegen trockene Haut

Das Chaos ordnen

Gutes für sich selbst tun

Eine Duftlampe

Ein Denkanstoß

Deko-Tipps

Orangenduftöl

Sanftheit

Eine Wochenendtour mit dem Fahrrad

Muskeln aufbauen

Die Gedanken vorbeiziehen lassen

Die Hormone

Soziales Engagement

Das Immunsystem stärken

Ein Teesalon

Alte Briefmarken

Einen Glückstreffer landen

Die Tiefe

Fossilien

Ein Van

Hula-Hoop

Palmen am Strand

Zukunftspläne machen

Unechte Blumen, die echt aussehen

Einen Plan B haben

Ein tiefer Rückenausschnitt

Wissen, was man im Leben will

Ein schulterfreies Kleid

Zielstrebig sein

Eine Büchertasche

Dinge, die man an jemandem mag

Shakespeare zitieren können

Ein Tapetenwechsel

Zuckerfreie Nahrungsmittel

Dem Partner das Lieblingsessen kochen

Beim Einkaufen nichts vergessen

Spaghetti carbonara

Niemanden um Erlaubnis fragen müssen

Ein goldfarbener Bikini

Tischtennis

Etymologie

Semantik

Haare mit viel Volumen

Ein Buch illustrieren

Der Ausdruck »Wie im Film«

Eine Ranch

Das Sättigungsgefühl

Blumenzwiebeln

Alle Zweifel ausräumen

Stressfreie Zeiten

Nicht gefährdete Tierarten

Reiki

Immobilien besichtigen

Wühltische

Die Kerzen am Christbaum entzünden

Streicheleinheiten

Durch Tipps erkennen, ob eine Ananas oder Melone reif ist

Die Ernährung umstellen

»Es war einmal«

Heilende Hände

Dass ein Witz einen überrascht, obwohl man damit rechnet

Einen Psychotest in einem Magazin machen

Echten Schmuck tragen

Sauberkeit

Einen Zuckerwürfel in den Kaffee halten und zusehen, wie er sich vollsaugt

Coupons

Wenn der Anschlusszug extra wartet

Altes Zeitungspapier zum Heizen aufbewahren

Dass die Neuigkeiten von heute Morgen schon Schnee von gestern sind

Weiche Stoffe

Das Wissen, dass alles relativ ist

Bequeme Kleidung

»Die Zeit heilt alle Wunden«

Mittelalterliche Gassen

Yoga im Büro

Kürbiscremesuppe

Einen Heiratsantrag in der Lösung eines Kreuzworträtsels entdecken

Zucchinikuchen

Rollenspiele

Schüchternheit

Die Farbe von Butter

Cartoons in der New York Times

Der Silvesterwalzer

Eine Geschenkbox vom Juwelier

Von seinen Träumen erzählen

Camping

Einen Motor zerlegen und wieder zusammenbauen

Schottersteine

Das Knirschen der Schuhe auf Kieswegen

Vorsichtig sein

Ölverschmierte Hände haben

Kinderfüße im Sand

Jemanden kennen, der alles reparieren kann

Eine Salatschleuder

Einem Pizzabäcker zusehen, wie er den Teig in die Luft schwingt

Die Antwort auf ein Dilemma

Genug Platz im Zug haben

Schneeflocken aus Papier

Ein Koffer mit Rollen

Ruhebereiche

Schwarzer Humor

Dunkelgrünes Glas

Die Bräuche in einem fremden Land kennenlernen

Ein rosafarbener Himmel

Direktheit

Einen alten Plan wiederbeleben

Kein Blatt vor den Mund nehmen

Wenn genügend frisches Papier im Kopierer ist

Apfel-Gurken-Salat

Enchiladas

Gummi

Ein hübsches Gesicht

Eine alte Taschenuhr

Pfefferminzeistee

Alte Schwarz-Weiß-Fotos

Jemandem ein Buch leihen, das dem auch sehr gefällt

Antiquitätenläden

Wenn die Kinder freiwillig und ohne Diskussionen ins Bett gehen

Durch eine Stadt spazieren und zufällig auf tolle Sehenswürdigkeiten stoßen

Eulenkissen

In ein anderes Land ziehen

Lego für Erwachsene

In der eigenen Stadt etwas Neues entdecken

Frisch gepflanzte kleine Bäume

Quiz-Puzzles

Den ersten Freund in einer neuen Stadt finden

Kompromissfähigkeit

Activity spielen

Wenn das Handy leer ist und jemand ein passendes Ladegerät hat

Kontaktlinsen

Wenn jemand einem etwas aus dem Urlaub mitbringt

Pain au chocolat

Nach Hause kommen und von den Kindern freudestrahlend empfangen werden

Ein englischer Garten

Im Zug lesen und laut lachen

Scones

Dass die neuen Brillenfassungen so leicht sind

Tom & Jerry

Aktionen für die Krebsvorsorge

Aktionen gegen Aids

Eine großformatige Zeitung auf dem Bett ausbreiten

Kartentricks

Berührungen

Nach dem Duschen gut riechen

Im Halbschlaf umarmt werden

Den Tisch mit viel Liebe decken

Alte Zaubertrickutensilien

Begehrt werden

Genuss

Ausgeschlafen sein

Optische Täuschungen

Fairtrade

Nicht jammern

Comicserien

Nach Hause in eine aufgeräumte Wohnung kommen

Der grantige Gargamel

Der Ausdruck »Siebensachen«

Plastikflaschen wiederverwenden

Fotografiekunst

Glasflaschen

Sex auf einem Wasserbett

Wenn die Traurigkeit verfliegt

Nebelverhangene Berge

Ablenkung

Einsicht

Den Pinsel schwingen

Vernünftig handeln

Genialität

Einen kreativen Tag haben

Urteilsvermögen

Grips

Verschmitztheit

Ein Farbkonzept für die Wohnung entwerfen

»Scherben bringen Glück«

Quarkmousse mit Vanille

Spinatstrudel

Einfach mal still sein

Dass das Leben selbst der schönste Traum ist

»Auf der Sonnenseite des Lebens«

Der erste Tag nach einer Trennung, an dem es einem besser geht

Nur Dinge für andere kaufen

Sich geborgen fühlen

Kreditkarten

Nach langer Suche einen Mitbewohner finden

Edle Kartenhalter

Shops in fremden Ländern, die es zu Hause nicht gibt

Wenn es plötzlich regnet und man einen Schirm dabeihat

Im dritten Jahrtausend zu leben

Ein günstiger Handytarif

Druckknöpfe

Einen Fremden zum Lachen bringen

Wickelbodys für Babys

In einem anderen Land im Supermarkt einkaufen

Aus der U-Bahn kommen und feststellen, dass es nicht mehr regnet

Die Eleganz von Tänzern

Japanischer Algensalat

College-Style

Kraft

Alles, was nach Hause geliefert wird

Stärke

Der Duft von Vanille

Handcreme

Eintracht

Bis in die Nacht hinein quatschen

Zusammenhalt

Musik-Apps fürs Handy

Die eigenen Vorlieben

Alte Tagebücher lesen

Ein heimliches Stelldichein

Tagebuch schreiben

Das Wort »Rendezvous«

Eine Kiste mit Erinnerungen

Die Tagebücher aus der Jugend aufbewahren

Zu Weihnachten selbst gestrickte Mützen verschenken

Ein Magazin zum Zeitvertreib lesen

Ein Lebkuchenherz mit der Aufschrift »Sei mein Schatz«

Das Oktoberfest in München

Reisen

Ein beschrifteter Kräutergarten mit kleinen Schildern

Vertraulichkeit

Fjorde

Das Meeresrauschen hören, wenn man eine Muschel ans Ohr hält

Privatsphäre

Einen Chauffeur haben

Dass der TGV so schnell ist

Lustige Gespräche im Bus belauschen

Wenn es am Urlaubsort am letzten Tag bei der Abreise regnet

Ein Korallenriff

Sich ein Taxi leisten

Ein Fischgeschäft

Streusel

Ein Strauß Maiglöckchen

Tarte mit Spinat

Einhörner

Bangladeshi Food

Die eigene Studentenbude

Die Sekunden zwischen Blitz und Donner zählen

Marillenknödel

Ein Mantra

Ein bisschen ausflippen

Eine Reservierung für den Zug haben

Das Land der Fantasie

Vegetarisches Sushi essen, wenn man schwanger ist

Peter Pan

Orangensaft mit Fruchtfleisch

Sich nicht ablenken lassen

Singalongs

Macarons aus Frankreich mitbringen

Sich Notizen machen

Ein wirksames Mückenspray

Die ganze Zugfahrt über schlafen

Hohe Türme

Ein Aussichtsberg

Wenn der Bus pünktlich kommt

Etwas so Klischeehaftes sehen wie einen Ziehharmonikaspieler in Paris-Montmartre

Chanting

Ein altes Telefon mit einer Wählscheibe

Einen freien Platz im Bus finden

Verständnis

Alles ausblenden

Ausnahmsweise einmal unhöflich sein

Gute Zukunftsperspektiven

Sich nur um sich selbst kümmern

Genug Proviant für eine lange Zugfahrt haben

Friedenstauben

Butterkekse

Ein Plattenspieler

Kleine Notlügen

Eine Heckscheibenheizung

Ein Grammofon

Astrologie

Wenn die Oma Schlager singt

Ein gutes Horoskop

Ein großer Kragen

Fünf Minuten weise nutzen

Spielkarten

Pilze suchen

Leichte Lederslipper

Serviettenknödel

Sich tätowieren lassen

Gute Kopfhörer

Eine ganz weiße Kirche

Etwas aus der Bücherei ausleihen

Eine Schlammpackung

Die Glut

Leidenschaft

Barfuß im Matsch gehen

Für etwas brennen

Die großen Fragen im Leben

Geschmolzener Käse

Ringelshirts

Kartoffeln mit der Gabel zerdrücken

Marineshirts

Ein weicher Teppichboden

Internetradio

Der erste Urlaub zu zweit

Eine Perlenkette

Perlenohrringe

Ein alter Walkman

Locken

Ein alter Kassettenrekorder

Teller aus Glas

Obst auf dem Markt kaufen

Viktorianische Häuser

Gebratener Reis mit Mango

Der Morgenkaffee

Der Ort, an dem die verlorenen Socken sind

Ein Sommersong

Eine individuelle Liste mit Dingen, die einen glücklich machen

Kaminholz

Am Handy chatten

Kirschkerne spucken

Chandeliers

Die Mitte der Woche

Papierbecher mit Henkel

Der Vorspann eines Films

Einen Tanz erfinden

Selbsthilfegruppen

Ein gutes Preis-Leistungs-Verhältnis

Einen Ratgeber lesen

Heidelbeermarmelade

Eine gestrickte Mütze

Buschwindröschen

Ein Korb mit einem schönen Deckchen

Ein Zwischensnack

Eiskaffee

Ein Balkon Richtung Westen

Bratensoße

Sattgrüner Frühlingswaldboden

Eine Backmischung

Buntes Krepppapier

Eine ofenwarme Breze

Sanft tanzende Schatten

Einen Vulkan besteigen

Wenn jemand einem den Koffer trägt

Ein Theaterabend

Ein Trostpreis

Ein Maibaum

Meinungsfreiheit

Die Lieblingsradstrecke

Ein Kavalier der alten Schule

Miss Marple

Ein Gentleman

Aufbruchsstimmung

Lichtkunst

Etwas besser machen

Papiertüten

Liebesgedichte

Eine Allee

Geschäftige Typen im Anzug

Demut

Hilfsbereitschaft

Der perfekte Augenaufschlag

Eine Prämie

Ein gerade geschnittener Pony

Eine eigene Website

Eine wasserdichte Jacke

Bibliotheken

Blödeln

Ein Zeitungsabo

Albern sein

Mut beweisen

Bildung

Wenn eine Mutter im Zug ihrem Sohn leise vorliest

Das Geräusch einer alten Schreibmaschine

Wieder zu Atem kommen

Visionen

Zur Ruhe kommen

Im Zug arbeiten

Eine Sonnenblumenfarm

Die Reifen gewechselt kriegen

Jade

Jemandem helfen, der nach dem Weg fragt

Eine Fidel

Eine alte Hose, die man zum Streichen anzieht

Mit dem Lift fahren und nicht zu Fuß gehen müssen

Ein Fisch ohne Gräten

Sich selbst übertreffen

Lange Streichhölzer, an denen man sich nicht so schnell verbrennt

Moonboots

Eine Briefmarkensammlung

Holzknöpfe

Ein pünktlicher Anschluss

Halt finden

Die grauen Haare nicht überfärben

Geschwungene Lippen

Im Urlaubsort spontan ein Hotel finden

Frisches grünes Gras

Ein Becherhalter im Auto

Im Regen zu Hause wegfahren und am Urlaubsort scheint die Sonne

Das Versprechen, in Kontakt zu bleiben

Sicherheit

Wenn ein nerviges Geräusch endlich aufhört

Eine saubere Zugtoilette

Eine Klimaanlage

Ein öffentliches WC, wenn man dringend muss

Ein Sonnenuntergang am Meer

Richtig viel Schnee

Auf dem Empire State Building stehen

Glückwünsche

Mit einem Motorboot fahren

Im Wald Bärlauch pflücken

Das Treiben in einem Bienenstock beobachten

Pralinen mit Fruchtfüllung

Nachts die Tortenreste aus dem Kühlschrank essen

Kirschkompott kochen

Melone mit Prosciutto

Alle Freunde zum Essen einladen

Ein Mixtape für jemanden aufnehmen

Schöne handgemachte Geschenke vom Weihnachtsmarkt

Eine Reise nach Kanada

April

Zu viele Weihnachtsplätzchen essen

Ein Himmelbett

Mit dem Rad durch eine wunderschöne Landschaft fahren

Von einem Kind zu dessen Geburtstag eingeladen werden

Ein perfektes Foto machen

Schöne alte Kirchenglasfenster

Wenn ausnahmsweise jemand anders die Geschirrspülmaschine ausräumt

Schwimmen lernen

Ein Lagerfeuer am Strand machen

Scharfe Suppe

An einem Sonntag das Bett nicht verlassen

Beim Fernsehen auf der Couch einschlafen

Fußball spielen

Wenn einem jemand einen Sitzplatz frei hält

Das Geräusch von Wellen am Steg

Das Knistern eines Lagerfeuers

»Ich werde dich nie vergessen«

Im Mondlicht tanzen

Bis in die Morgenstunden tanzen

Beim Fernsehen mit den Figuren reden

Auf einer Parkbank sitzen und ein Buch lesen

Umarmt werden

Der Duft von Rosen

Eine Dachterrasse

Couchsurfing

Den Job wechseln

Ganz allein verreisen

Die Zukunftspläne von Teenagern

Eine Finca

Wolle

Eine Reise nach Japan

Wenn ein Kind ein Lied vorsingt

Extensions

Pommes selber machen

Freunde haben, die man nachts um drei anrufen kann

Die neuesten Nachrichten im Internet lesen

Sich nicht ärgern lassen

Turnierreiten

Auf dem Siegertreppchen stehen

Für die Zeitung interviewt werden

Die Bücher von Astrid Lindgren

Einen ausländischen Film im Original anschauen

Der eigenen Mutter einen guten Rat geben

Die Naturgewalt der Niagara-Wasserfälle

Wenn ein Kind lesen lernt

Sich wundern

Eine Pediküre

Ein Gutschein für eine Massage

Sich verwöhnen lassen

Die Küche ausmisten

Etwas bewirken

Anemonen

Mit den Kumpels in den Urlaub fahren

Süßsaure Soße

Trost

Ein Eigenheim finanzieren können

Klares Bergwasser

Nach einer Party erst nach Hause kommen, wenn es schon hell wird

Der Name Angelo

»Mit Ach und Krach«

Irisierende Farben

Eier im Hühnerstall sammeln

In einer Aufgabe aufgehen

The Bee Gees

Jeden Tag etwas Schönes erleben

Den Partner liebevoll betrachten

Die Erfindung des Internets

Dropbox

Mit dem Geld, das man zur Verfügung hat, auskommen

Die Erfindung von WLAN

Ausgelacht werden und einfach mitlachen

Internet-Dating

Nach einem langen Tag ins Bett fallen

Vergessen, dass man eigentlich schlechte Laune hatte

Erhitzt sein

Prosecco mit Erdbeeren

Sich bewusst auf seinen Atem konzentrieren

Sich etwas eingestehen, vor dem man lange die Augen verschlossen hat

Die freie Zugänglichkeit von Wissen

Samtweiche Haut

Ein alter Film mit Brigitte Bardot

Das Goldene Dreieck

Markisen

Die Erfindung von Pampers

Der perfekte Kugelschreiber

Ein Foto vom Liebsten auf dem Büroschreibtisch aufstellen

Umweltschutz

Durch Training eine bessere Kondition bekommen

Bei jemandem Eindruck hinterlassen

Ein Versprechen halten

Ein Sprung vom Zehnmeterbrett

Ausnahmsweise Tiefkühlpizza essen

Ein Kochbuch nur für Desserts

Spontaneität

Nicht mitmachen, wenn andere lästern

Zur Stilberatung gehen und wertvolle Tipps bekommen

Ginkgo

Eine langsame Rumba tanzen

»Schwein gehabt!«

Wenn es einem ganz warm ums Herz wird

Schauspielunterricht nehmen

Beim Skifahren die perfekten Schwünge ziehen

Einen Picknickkorb packen

Schönheit

Karamellbonbons

Die Farbe Burgunder

Sich in einem fremden Land mit Händen und Füßen verständigen

Der Blumenmarkt

Die ganz besondere Luft in einer Kirche

Mit etwas Erfahrung haben

Sich beim Schwimmen schwerelos fühlen

Omas alter Schaukelstuhl

Die Mittagspause ausfallen lassen und dafür abends früher heimgehen

Ein Video von einem schönen Familiennachmittag

»Die Liebe steckt im Detail«

Ein Maulwurfshügel

Mit der neuen Brille wieder scharf sehen

Ein Sparticket ergattern

Türkisblaue Augen

Ein freundlicher Busfahrer

Männerhandtaschen

Freundlichkeit

Die Kombination von Blau und Neonpink

Vor Freude quietschen

Eine Kameratasche

Eine Nachricht von jemandem, der sich selten meldet

Menschen einer fremden Kultur

Ein hellrotes Dach

Einen Handstand machen

Toleranz

WLAN im Zug

Einen Purzelbaum machen

Ein gut isoliertes Haus

Alles mit Schokostückchen

Wenn ein Baum zum ersten Mal blüht

Eine witzige Handyhülle

Die Idylle auf dem Land

Burger

Freitag

Nachbarschaftshilfe

Die Olympischen Spiele

Sich auf das Wochenende freuen

Den Song Contest anschauen und sich über die Teilnehmer amüsieren

Der Samstagmorgen

Den Jahrestag des Kennenlernens feiern

Sich eine Pause nehmen, wenn sie nötig ist

Die treuen Augen von Kühen

Bauklötze

Schöne Aufbewahrungsboxen

Das eigene Babybuch

Sich an die Regeln halten

Elmar

Schöne Emaillegriffe

Ein Rentier

Ein Babybuch füllen für das eigene Kind

Herzen

Den Kindern die Geschichte vom Nikolaus erzählen

Eine Schutzengelfigur

Eine gesprayte Liebeserklärung auf einer Wand

Ein Plüschhund

Schauspielkunst

Open-Air-Aktivitäten

Wenn das Kind zum ersten Mal ein Bilderbuch anschaut

Einen Hit komponieren

Rot-weißkarierte Bettwäsche in einem Bauernhaus

Gute Ratschläge einer Hebamme

Die Sturheit eines Esels

Ein harmonisches Treffen mit der Schwiegermutter

Sänger werden

Sich die Zehennägel lackieren

Ein Gewitter

Ins Kasino gehen und gewinnen

Delfine

Sich auf den Weg ans Meer machen

Im Österreichurlaub Sachertorte essen

Selbst gezüchtete Erdbeeren ernten

Eine exotische Frucht kosten, die man nie zuvor gesehen hat

Einen Liebesbrief schreiben

Ein selbst gemachtes Mixtape bekommen

Kinderlachen

Ins kalte Wasser springen und stolz darauf sein

Wenn der Nikolaus kommt

August

Den Christbaum schmücken

Gut schlafen

Heiße Suppe

Eine Reise nach Tokio

Im Mondschein spazieren gehen

Mit Freundinnen tanzen gehen

Selbst ein Muttertagsgedicht schreiben, das sich tatsächlich reimt

Im Park Fußball spielen

Der Duft von brennendem Holz

Im Flugzeug Tomatensaft trinken

Die Farbe von Gold

Ein ausziehbares Sofa für Gäste

Einen besseren Job bekommen

Allein verreisen und neue Leute kennenlernen

Wild wachsende Erdbeeren im Wald

Samt

Eine Reise durch Europa

Sich einen Hund zulegen

Genau den richtigen Rat bekommen

Aprikosen

Zeitsparende RSS-Feed-Reader

Die Sommersachen aus dem Keller holen

Allein ins Kino gehen

Eine freundliche Kassiererin

Swing

Den Pinsel schwingen

Astern

Dass es Blumen mit dem Namen Goldlack gibt

Fallschirmspringen

Der erste Kindergartentag des eigenen Kindes

In einem Hotel aus Eis und Schnee übernachten

»Wer A sagt, muss auch B sagen«

Den Mut finden, sich zu entschuldigen

Sich jemandem in die Arme werfen

Dampf ablassen

Wenn der Nebel sich lichtet

Koriander

Den Segelschein machen

Ein Wackeldackel

Fair produzierte Kleidung kaufen

Ein Körperpeeling

Duftende Bodybutter

John Lennon

Babyschwimmen

Das Schöne im Alltag bemerken

Dass man als Kind so sein wollte wie Pippi Langstrumpf

Kein Perfektionist sein müssen

An spannenden Projekten arbeiten

Die neuesten Meldungen im Internet lesen

Das Lachen unterdrücken, bis man fast keine Luft mehr bekommt

Ein Onlineprofil bei einer Singlebörse erstellen und sofort viele Zuschriften bekommen

Erfolg haben

Sich freuen

Dankbar sein

Am Flughafen mit einer Umarmung empfangen werden

Mit Fingerfarben malen

Gänseblümchen

Happy Ends

Tüllröcke

Gustav Gans

In der Sonne liegen

Gemeinsam eine Krise überstehen

Sich selbst eingestehen, dass man jemanden nicht leiden kann

Eine japanische Teezeremonie erleben

»Wie ein Fisch im Wasser«

Ein vermeintlich gelöschtes Dokument doch noch finden

Endlich kündigen, nachdem man es schon lange geplant hat

Ins Musical gehen

Der Ausdruck »flotte Biene«

Ankommen

Als Vater zum ersten Mal mit der fast erwachsenen Tochter tanzen

In einem Chor singen

Die Farbe von Moos

Absolut entspannt sein

Outdoor-Yoga

Die Lieblingsspeise

Ein Bergwerk besuchen

Aqua-Aerobic

Eine Werkbank für Kinder

Unbezwingbarkeit

Im Karneval eine Krone tragen

Die Freude über einen Sieg

Pixie-Bücher

Auf dem Siegertreppchen stehen

Sich mit Religion auseinandersetzen

Beim Start einer Rakete zusehen

Ein Mädchen ganz in Rosa

Traubenzucker

Seifenblasen in Herzform

Ein Schiff in einer Flasche

Auf die Glückszahl setzen und gewinnen

Die eigene Glückszahl

Die Spardose leeren

Ein Hole-in-one

Jubel

Ein Erste-Hilfe-Koffer

Die Uhrzeit, zu der man geboren ist

Sensitiv-Pflaster

Nicht mit dem Küssen aufhören wollen

Ein Bett voller Kuscheltiere

Etwas kurz vor dem Aufgeben doch noch schaffen

Esspapier

Schutzgebete

Grenzen setzen

Mit dem Rad Schlangenlinien fahren

Den eigenen Geschwistern ähnlich sehen

Eine dicke Hummel

Rote Autofelgen

Süßigkeiten aus der Kindheit essen

Nach einem Schnupfen endlich wieder frei atmen können

Out of bed hair

Kasperlfiguren basteln

Den Kuscheltieren Namen geben

Karikaturen

Ein Sprüchekalender

Die tägliche Kolumne

Die Lieblingsserie

Hygieneseife

Streifenhörnchen

Zwinkern

Ein Hund mit einem Schal

Verstecken spielen

Zebras

Die ersten Wörter des Kindes aufschreiben

Ein Spinnennetz mit Tautropfen

Ein Techtelmechtel

In einem Buch die Lieblingssätze unterstreichen

Eine Liebelei

Eselsohren in ein Buch machen

Harmlose Scherze

Eine Sketch-Show

Alles, was flauschig ist

Die Klassiker lesen

Gute Lehrer

Tiergeräusche nachahmen

Ziegenkäse

Stimmen imitieren

Feigen-Chutney

Wenn man morgens nicht im Stau steht

Orangen-Ananas-Kokos-Saft

Auf dem Amt nicht warten müssen

An der Imbissbude halten

Ein Adventskalender mit kleinen Büchern statt Schokolade

Wenn der Himmel plötzlich aufreißt und die Sonne rauskommt

Doppelseitiges Klebeband

Fleckensalz

Einen Pärchensitz im Kino haben ohne Armlehne dazwischen

Ein aufgeräumtes Zimmer

Eine Kinokarte geschenkt bekommen

Ein rotes Schwedenhaus

Ein Stockbett

Wenn jemand zuvorkommend ist

Kulanz

Über das Internet gratis mit Freunden im Ausland telefonieren

Sich gut orientieren können

Nach einer Fernbeziehung zusammenziehen

Der Flaum auf Babyhaut

Eine elektrische Zahnbürste

Salz auf der Haut

Etwas zu trinken angeboten bekommen

In einer hippen Agentur arbeiten

In die Arbeit kommen und reihenweise Komplimente für sein Outfit erhalten

Babysitter, die großartig mit den Kindern zurechtkommen

Wenn der Papa dem Sohn eine Gutenachtgeschichte vorliest und dabei selbst einschläft

Wenn eine Schwellung zurückgeht

Mit den Kindern ins Kasperltheater gehen und zusehen, wie sie mitfiebern

Aufwendige Kostüme für Karneval

Vampirfilme

Kluge Eltern haben

Gefordert werden

Wenn die Lehrer sich Projekte ausdenken, die die Kinder wirklich interessieren

Etwas durchstehen

Gemeinsamkeit

Sich nicht schämen

Bei einem Projekt richtig gut vorankommen

Die zündende Idee haben

Alles richtig machen

Geschichten von den Schildbürgern

Richtig alte Schildkröten

Die Behäbigkeit von Schildkröten

Ein Schutzschild

Zweisprachige Ortsschilder

Eine Blogroll mit tollen Links

Wenn die eigene Website einen guten PageRank hat

Delegieren lernen

Nicht immer alles selbst machen müssen

In einer Stresssituation die Augen schließen, durchatmen und bis zehn zählen

Dinge vom Flohmarkt

Eine schlechte Angewohnheit endlich ablegen

Im Oktober noch gebräunt sein

Als Sprecher für Werbespots gebucht werden

Die falsche Grammatik von Kindern

Ein Onlinekalender

Freundliche Callcenter-Mitarbeiter

Nachdenken, bevor man spricht

Gut durchdachte Argumente

Ein selbst geschnitztes Schachset geschenkt bekommen

Alles Handgemachte

Tief in einer Matratze versinken

Cranberrysaft

Jemandem endlich seine Liebe gestehen

Minicroissants

Ein Tagesplan

Den Babybauch bemalen

Einen Gipsabdruck von Babys Händen und Füßen machen

Ein Bouquet

Ein Augenblick der Ruhe

Dass das Auge mitisst

Wenn das Gericht kunstvoll auf dem Teller angerichtet ist

Auf einem Barhocker sitzen

Sich mit einem Drehstuhl drehen

Einen lustigen Werbespot sehen

Dass MP3s so praktisch sind

Nicht nachgeben

Gegen den Strom schwimmen

»The boy in the bubble« von Paul Simon

Feines Porzellan mit Goldrand

Sich noch mal die Hits der Boyband anhören, für die man als Teenager geschwärmt hat

Mahagoni

Tradition

Etwas so machen, weil es immer schon so gemacht wurde

Sich auf die Expertise von Älteren verlassen

Im Bauernhofurlaub selbst Butter machen

Ein Freund, der sich um Mitternacht in die Küche stellt und etwas für einen kocht

Ein altes Ruderboot, das wartend an einer verborgenen Stelle liegt

Ein altes knarzendes Haus

Ausgetretene Stufen

Jemand, der auf dem Bahnsteig wartet

Hoffnung

Blickkontakt

Sehnsucht

Nach einem Ausflug im Schnee heiße Suppe essen

Ein Sonnenuntergang in den Bergen

Mittagspause auf einer Parkbank

Sand

Tauchen

Sahnepralinen

Frühlingsgefühle

Selbst gezüchteten Basilikum essen

Marmorgugelhupf

Wassermelone essen und die Kerne in die Wiese spucken

Wenn die Eltern anrufen, um zu fragen, wie es einem geht

Ein Baby, das krabbeln lernt

Das gewünschte Geschenk zu Weihnachten bekommen

Eine Party organisieren und keine einzige Absage bekommen

»Willkommen zu Hause«-Plakate

November

Himmelblau

Schneeeulen

Das Feuerwerk zu Silvester

In einem neuen Bett schlafen

Den Lieblingssportler anfeuern

Eishockey spielen

Die Rolling Stones

Eine Trommel

Sozialarbeiter

Im Mondlicht am Strand sitzen

Mit dem Partner tanzen gehen

Wiesenblumen pflücken

Eine dankbare Umarmung

Eine Reise nach London

Alt genug zum Autofahren sein

Eine Gesichtsmassage

Felsenblümchen

Waldmeister

Mit den Eltern wie früher in den Urlaub fahren, um Zeit mit ihnen zu verbringen

Eine Reise nach Bangladesch

Keine Schwangerschaftsstreifen bekommen

Zum ersten Mal die erste eigene Wohnung betreten

Jemanden kennenlernen und wissen, dass es dieses Mal ernst ist

Ein Kuss auf die Stirn

Sesam

Aufschreiben, was man in diesem Jahr Schönes erlebt hat

So sehr lachen, dass man nicht mehr sprechen kann

Sich als Kind einen Schriftcode für geheime Nachrichten ausdenken

Wenn Babys schmatzen

Die Metapher »Barfuß bis zum Hals«

Echte und nicht nur virtuelle Freunde haben

Gokart fahren

Mit den Kindern das Spielzeug ausmisten und verschenken

Einen Garagenflohmarkt veranstalten

Ehrlichkeit

Völlig overdressed zu einem Event gehen

Der unerschütterliche Glaube an etwas

Online-Lexika

Die alten Schlager von Roy Black

Ein wirksamer Blick

Körperliche Anziehung

Ein Film mit großartigen Schauspielern

Kickboxen

Selbstdisziplin

Wenn jemand mitdenkt und frischgebackenen Eltern Windeln schenkt

Etwas erledigen, vor dem man sich lange gedrückt hat

Urlaubsfotos über Facebook teilen

Daran glauben, dass es eine Seele gibt

Die richtige Zahnpflege

Stabilität

Der Ausdruck »Fritten«

Ein Boogie-Woogie

Sein Herz an etwas hängen

Jemanden belohnen

Champagner aus dem Siegerpokal trinken

Einen Dampfgarer in der neuen Küche haben

Haute Cuisine

Schokoladenmilch aus dem Kühlregal

Nachos

Ein Piano im Wohnzimmer

Auf dem Weg zur Arbeit in der U-Bahn lesen

Eine zweite Chance bekommen

Wenn das Baby zum ersten Mal durchschläft

Science-Fiction

Aus den Steinen, die einem im Weg liegen, einen Turm bauen

Nicht an Zufälle glauben

Mit dem Basketball den Korb treffen

Als Erwachsener das Skifahren lernen

Eier ausblasen und bemalen

Heiße Maroni im Backofen selbst machen

Etwas mit einem lachenden und einem weinenden Auge sehen

La dolce vita

Wissen, dass jemand an einen denkt

Originalität

Die perfekte Matratze

Ein genialer Einfall

Schlichtheit

Sich trennen können

Wild essen

Schäfchenwolken

Hüfthohes Gras

Bauernkalender

Wenn nichts aus dem Ruder läuft

Ein ferngesteuertes kleines Auto

Rudern

Wenn jemand sich um einen sorgt

Von Lehrern etwas Positives über die Kinder gesagt bekommen

Sommerfarben

Softeis

Den ersten eigenen Laptop aufbewahren, obwohl er veraltet ist

Dass es im Sommer länger hell ist

Genug Kleingeld für das Busticket haben

Backgroundtänzer

Einer richtig guten Straßenband Geld geben

Karate lernen

Jemanden durchschauen

Beim Turnierreiten gewinnen

Einen historischen Schmöker lesen

Karomuster

Ein Apartment mit Freunden mieten

Kakteen

Dass einem jemand die Hand hält, wenn man Angst hat

Sich einen Drink genehmigen

Im Stehen Kaffee trinken

Das Wissen alter Menschen nutzen

Sich selbst ein Kleid nähen

Ein Kleid für ein Mädchen und dasselbe für seine Puppe nähen

Wehmut

»Sonnige Grüße« verschicken

Blitze beobachten

Leichter Sommerregen

Einen Cocktail an der Poolbar trinken

Salziges Meerwasser schmecken

Blumen anpflanzen

Eine ganze Tafel Schokolade auf einmal essen

Schokoladeneis

Ein riesengroßer Eisbecher

Ein schlafendes Baby auf dem Bauch liegen haben

Ein Adventskalender mit Schokolade

Viele Glückwünsche zum Geburtstag

Januar

Zu Silvester an Mitternacht jemanden küssen

Wenn man als Kind bei einem Freund übernachten durfte

Beachvolleyball spielen

Wenn ein Glas zu Boden fällt und nicht zerbricht

Kirschen direkt vom Baum pflücken

Würstchen am Lagerfeuer grillen

Karten für das Konzert der Lieblingsband ergattern

Die Malediven

Aretha Franklin

Die Geschichte vom ersten Kennenlernen erzählen

Musikinstrumente

Grüne Haarfarbe

Ein langes Wochenende

Barfuß im Sand gehen

Nach einer durchtanzten Nacht die Schuhe ausziehen und barfuß nach Hause gehen

Laut singen und eine Haarbürste als Mikrofon verwenden

Den Mond und die Sterne betrachten

Popcorn

Ein Picknick auf einer Wiese

Auf einer Parkbank sitzen und die Leute beobachten

Jemanden umarmen, den man lange nicht gesehen hat

Freunde besuchen, die einen Swimmingpool haben

Eine Reise nach Monaco

Alt genug sein, um selbst zu entscheiden, wie lang man abends aufbleibt

Eine interessante Folge von »Universum«

Wenn ein Kind schreiben lernt und die Buchstaben verdreht

Verblüfft sein

Eine Wellnessbehandlung

Den Keller ausmisten

Mozart

Lasziver roter Lippenstift

Selbstsicherheit

Den ersten Pinselstrich auf der weißen Leinwand machen

Blumen mit dem Namen Blaukissen

Ein berührendes Gedicht

Den Müll hinuntergebracht haben

Eine unbekannte Speise kosten

Ein altes Auto mit verrückten Aufklebern

Ein Springbrunnen mitten in der Stadt

Die Biene Maja

Eine supermoderne neue Küche kaufen

Sich selbst eine Gute-Laune-CD mit lauter Lieblingshits brennen

Ein Iglu bauen

Einen Wal sehen

Eine faule Katze, die sich die Sonne auf den Bauch scheinen lässt

Ein Spaziergang am Meer

Die besonderen Weihnachtsrituale der eigenen Familie

Ein Gedicht auswendig können

Die Bedeutung des eigenen Vornamens

»Abwarten und Tee trinken«

Ein ABBA-Musical

Den Babybauch einölen

Facebook

Sich mit seinen Geschwistern gut verstehen

Sich vor Lachen schütteln

Jemanden in seinen Bann ziehen

»Bis über beide Ohren«

»Des Wahnsinns fette Beute«

Ein Motivationsschub

Integrität

Die alten Lieder von Conny Froboess

Galanterie

Geheimnisvolle grüne Augen

Eine reine Haut haben

Ein Film mit Ashton Kutcher

Teilen

Das Ersatzwort »Dingsbums«

Neue Fußmatten im Auto

Wenn jemand weiß, wie man seinen Kaffee am liebsten mag

Sich an seinen Ernährungsplan halten

Dass man heute fast alles im Internet kaufen kann

Ein Bleistift mit einer spitzen Mine

Den Partner beobachten, ohne dass er es merkt, und denken, wie sehr man ihn liebt

Die Tigerente und der Frosch von Janosch

Mit einem Porsche fahren

Sich engagieren

Wasserkraft

Sich selbst für seine Ausdauer loben

Angst vor Spinnen haben und trotzdem eine vorsichtig nach draußen tragen

Ein Blog-Posting schreiben und viele interessierte Kommentare bekommen

Zum ersten Mal sagen können: »Das ist meine Frau«

Jemanden eiskalt erwischen

Die erste Boygroup, für die man geschwärmt hat

Sich nach einem Streit aussprechen

Apfelmus

Endlich von der Zahnspange befreit werden

Verblüffende Zaubertricks

Ein Schutzengelanhänger für ein Baby

Auf den Schulball der eigenen Kinder gehen

Walzer tanzen

Charleston tanzen

Jemandem verzeihen

Zwillinge, die sich bis aufs Haar gleichen

Wenn einem das Herz bis zum Hals schlägt

Obst auf den Grill legen

Eine Tüte süßes und salziges Popcorn übereinander geschichtet

Sich nicht manipulieren lassen

Der berühmte »Einkehrschwung« beim Skifahren

Ostereier färben

Wenn das neue Waschmittel viel besser duftet als das alte

Ein Enkelkind bekommen

Kissen mit aufgesticktem Namen

Die Fabelhaftigkeit des Lebens

Um Längen besser sein

Wahre Freundschaft

Wenn das Hotelbett eine Matratze hat, die weder zu hart noch zu weich ist

Eine Fahrradklingel

Memory spielen

Ein Buch in zwei Stunden auslesen

Eine Lomi-Lomi-Massage

Hilfe gegen Juckreiz

Goethe zitieren können

»Wickie und die starken Männer«

Bei einem Zaubertrick zusehen und einfach nicht dahinterkommen

Handseife

Die japanische Süßspeise Mochi

Blauschimmelkäse

Alle Sorgen vergessen

Die freie Presse

Ein Schnellzug

Ein Rad schlagen

Wenn das eigene Land bei einem Contest eine Medaille gewinnt

Mineralwasser

Einen Luftsprung machen

Ein funktionierendes Ordnungssystem

Sich mal nicht an die Regeln halten

Ein Elch

Ein System

Eine Erfolgssträhne

Schöne Emaillekrüge

Sich federleicht fühlen

»Take a chance on me« von ABBA

Jemanden nicht gehen lassen wollen

Stiller Stolz

Eine Vintage-Geldtasche

Sich zum Teetrinken treffen

Für eine Aufgabe viel weniger Zeit brauchen als gedacht

Opas Geburtstag

»She's only happy when she's dancing« von Bryan Adams

Einen Songtext auswendig können

Wenn der ganze Saal an den Lippen des Vortragenden hängt

Beifall bekommen

Ein langes Wochenende in Sicht

Kaffee mit weißer Schokolade

Die Nationalhymne

Wertvolle antike Bücher

Wenn es einem schlecht geht und jemand einem Gute-Laune-Songs aufnimmt

Dieses Buch

Clementinen

Der Duft von Essen, das gerade zubereitet wird

Aus dem Koma erwachen

Eine Garderobe zusammenbauen

Willy Wonka

Die verrückten Geschichten von Roald Dahl

Wenn das Lieblingslokal renoviert wird und danach noch besser aussieht

Ein angenehmer Flug

Der Ort, an dem man immer zur Ruhe kommt

Pfirsichfarbene Rosen

Dass die Haare im Sommer ein wenig heller werden

Die simplen Dinge im Leben

Die Gezeiten

Einen Nachmieter finden

Gebrauchte Sachen über eine Onlinebörse verkaufen

Eine Auktion bei EBay gewinnen

Der perfekte Tag zum Segeln

Champagnersoße

Ein fähiger Tischler

Pappteller und Pappbecher für ein Picknick

Unter einem Kirschbaum sitzen

Zeichenunterricht nehmen

Etwas aus seinen Talenten machen

Ein Handkuss

Dass es unendlich viele Möglichkeiten gibt

Schon früh im Büro sein

Ein Rezept, das sich mehrfach bewährt hat

Positive Energie

Knackiger Salat

Obststände am Straßenrand

Lokalhelden

Eine sehr gerade Handschrift

Ein Zen-Garten

Angemessen bezahlt werden

Als Frau gleich viel verdienen wie die Männer

Ein Liebeslied

Der Hochzeitstanz

Etwas geleistet haben

Eine ausklappbare Leiter

Höhenangst überwinden

Farbeimer

Wassertropfen auf der Haut

Massageöl

Mit Kunst Geld verdienen können

Den ersten eigenen Roman veröffentlichen

Parkett verlegen

Der Geruch auf einer Baustelle

Dass kleine Jungs so fasziniert von Baggern und Traktoren sind

Eine Grillparty im Garten

Kurze, saubere Fingernägel

Menschen, die mit ihren Körpern eine Figur formen

Musikvideos aus den 1980er-Jahren

Salzige Luft

Ein Wochenendhaus auf dem Land haben

Auf der Veranda sitzen

Die winzigen Finger eines Babys küssen

Selbst gemachte Limonade

Die Dinge, die man bei jedem Umzug mitnimmt und niemals ausmisten würde

Die Schubladen in der Küche ausmisten

Formen für Cupcakes kaufen

Sexy Dessous

Verwegenheit

Ein verwegenes Aussehen haben

Anti-Schuppen-Shampoo

Wenn aus einer Bekanntschaft Freundschaft wird

Tacos

Bunte Manschettenknöpfe

Erkennen, welche Menschen einem guttun und welche nicht

Die Antwort auf eine Frage bekommen, die man sich schon seit Jahren stellt

Von einem Teenager in Liebesdingen um Rat gebeten werden

Sich selbst neu erfinden

Eine Freundschaft, die schon sehr lange besteht

Akrobatik

Ein zahmer Tiger

Sich nicht unterkriegen lassen

Daran glauben, dass es immer einen Ausweg gibt

Wenn einem die Kollegin Geburtstagskuchen mit ins Büro bringt

Ein Kaffeeplausch im Büro

Bei einem Meeting das Wort führen

Den Bürokollegen eine Idee vorstellen, die begeistert aufgenommen wird

Silberfarbene Ballerinas

Gut mit High Heels gehen können

Ein kunstvolles Make-up

Eine Reise nach Hamburg

Freundliche Gastgeber

Eine kleine Pension

Ein Drink an der Hotelbar

Sich verstecken

Ein Ankleidezimmer

Flip-Flops

Die Auszeit, die einem der Schlaf bringt

Ein Familienplan, wer was im Haushalt machen muss

Nach Hause kommen und vom Hund freudig angesprungen werden

Ein Besuch im Wildtierpark

Die Rechtschreibprüfung

»Ich möchte bitte«

Sich selbst besser kennenlernen

Die Frage: »Was ist mein größtes Glück?«

Nur halb wach sein

Nicht viele Worte brauchen

Das Schicksal

Sich führen lassen

Wenn es Abend wird

Zurückkommen

Eine kleine Aufmerksamkeit

Jugendstil

Ein vergilbtes Foto

Bilder von den Großeltern als Kinder

Die große Liebe

Hausverstand

Mit dem Kopf durch die Wand wollen

Das Gitarrespielen lernen

Kleine Fehler

Dass etwas Unperfektes schöner ist als etwas Perfektes

Jemanden auf den Arm nehmen

Etwas aus Höflichkeit tun

Lampenfieber

Gute Manieren haben

Die nötige Portion Wahnsinn

Endgültigkeit

Pazifismus

Eine sehr kurze To-do-Liste

Die Achtung vor dem Leben

Die eigenen Werte

Erbarmen

Muttergefühle

Die Größe der Welt

Eine Fiebernacht überstehen

Marschieren

Widerstand

Eine gerade Haltung

Handgeschriebene Etiketten

Der Segen für das Brautpaar

Das Jawort

Pure Freude

Exquisiter Geschmack

Im Sommer die ersten Sommersprossen bekommen

Nagellackentferner

Ein Mikrofasertuch

Ein Unterwäschemuseum

Reptilien

Wenn etwas seinen Lauf nimmt

Im Takt mitklatschen

Das Wort »frenetisch«

Sich schnell unterstellen und das Ende des Regengusses abwarten

Eine Waschanleitung auf dem Etikett

Kartoffelsalat

Eine Thermoskanne mit Kaffee

Ein Käseigel

Eine Liste mit Pro und Kontra

Den ganzen Abend lang alte Fotoalben ansehen

Einem Kind Geld für Süßigkeiten geben

Durch den Regen rennen

Die großen und kleinen Erfolge im Leben

Zitate

Grenzenlosigkeit

An die Nordsee fahren

Sich an einen Baumstamm lehnen

Eine verwitterte Gartenbank

Maikäfer

Die Weite des Landes

Höhe

Das perfekte französische Bistro

Deeskalation

Die Stimmung bei einem tollen Fußballspiel

Karamelläpfel

Eine kleine Dusche für Kinder

Alte Videokassetten mit aufgenommenen Filmen

Servietten

Edle Weihnachtsservietten

Sich nicht wiederholen müssen

Einen Goldschmiedekurs besuchen

Eine Wohnung mit Balkon

Ein Buch finden, das vergriffen ist

Milch

Die kleinen Spielsachen aus den Juniortüten

Wenn einem der Wind die Haare durcheinanderwirbelt

Eine Telefonliste

Zellophan

Eine kunstvolle Verpackung

Wenn sich alles doch noch zum Guten wendet

Etwas verändern

Wenn sich alles in Wohlgefallen auflöst

»Senza una donna« von Zucchero

Flexibilität

Tapfere Teenagermütter

Wenn alles, was man mitnehmen will, in den Koffer passt

Socken stopfen, statt sie wegzuschmeißen

Pilates

Die Zeitung vor der Tür liegen haben

Zement

Einen schönen freien Abend vor sich haben

Im Morgengrauen zum Angeln rausfahren

Der erste Schluck Bier

Wenn das Licht nach einem Stromausfall wieder angeht

Ein Film, der drei Stunden dauert

Ein Stück Baumstamm als Couchtisch

Dass Moos so weich ist

Feines Kakaopulver auf dem Cappuccinoschaum

Ein feines Sieb

Ein schönes Teeei

Kleine Stoffsäckchen mit Lavendel für den Kleiderschrank

Freitag, der 13.

Die Gerüche im Herbst

Gesprächsschnipsel

Ein gesundes Rot auf den Wangen

Sich befreit fühlen

In der Dämmerung Rad fahren

Der Lauf der Dinge

Das immer gleiche Abendritual

Ein Laborpartner

Subtile Nachrichten

Das Wort »Spätzünder«

Ein Secondhand-Store

Mit dicken Wollsocken schlafen

Interessante neue Websites entdecken

Ein Oxymoron

Sympathische Kursteilnehmer

Einen Workshop leiten

Incentives

Für einen Vortrag viel Lob bekommen

Hummerschaumsuppe

Madeleines

An die große Liebe glauben

Ein Lemur

Desinfektionsmittel

Ein Bär

Stil

Kopfchaos

Helligkeit

Small Talk

Eine Raupe

Heimlichkeit

Dass Gerüche Erinnerungen wecken

Sich eine Geschichte für Kinder ausdenken

Ein Rüsseltier

Geld verschenken

Einen Hürdenlauf gewinnen

Griechische Göttinnen

Wenn Geld eine Freundschaft nicht behelligt

Nichts Schlechtes denken

Wenn auf einem Schulausflug alle singen

Für seine Kinder sorgen

Eine Glatze

Zu seinen Schwächen stehen

Discomusik

Knallfrösche

Um die Wette pinkeln

Zu einem Clubbing gehen

Ein Bilderrätsel lösen

Eine Bedrohung entschärfen

»Kann ich dir was Gutes tun?«

Größe

Eine Misswahl

Ein Mathegenie sein

Futurologie

Angelausflüge

Blurbs

Einen Nagel ganz gerade in die Wand schlagen

Ein Qualitätsbeweis

Ein Actionfilm

Musiksendungen

Illusionen

Eine spannende Verfolgungsjagd im Fernsehen

Wenn am Ende die Liebe siegt

Lockenwickler

Zum ersten Mal nach der Führerscheinprüfung allein mit dem Auto fahren

Vorsorge

Einen Investor finden

Sich mit Schönem umgeben

Mit einem alten VW-Bus campen

Buenos Aires

Etwas wichtig nehmen

Eine gezeichnete Sonne

San Francisco

In einem Hotel direkt am Meer übernachten

In einem stillen Bergsee schwimmen

Beim Wandern die Stille genießen

Pralinen mit Kokossplittern

Käsekuchen

Grießpudding

Heidelbeeren

Zum ersten Mal gemeinsam kochen

Ein Liebeslied

Einen dicken Schmatz von einem kleinen Kind bekommen

Sich das Jawort geben

Onlineshopping in der Weihnachtszeit

Optimistische Neujahrsvorsätze

In einem Schlafsack übernachten

Zum Essen eingeladen werden

Trauzeuge sein

»Ich liebe dich«

Sich vorstellen, man könnte zum Mond fliegen

Tanzen gehen

Sich auf die Party am Wochenende freuen

Mit Freunden zusammen um die Häuser ziehen

Heimkino

Jemanden umarmen

Mit einem Kind in der Sandkiste spielen

Der Duft von Flieder

Die Lesung des Lieblingsautors in der eigenen Stadt

Die Tickets für den Traumurlaub in Händen halten

Eine Reise nach Barcelona

Mit schwarzer Tusche schreiben

Eine selbst gemachte Zeichnung aufhängen

Vergissmeinnicht

Rosmarin

Mit einem Bagger fahren

Sich mit seinen Geschwistern treffen

Das Wort »Augenweide«

Lachflashs

»Sich freuen wie ein Schnitzel«

Ein alter Peter-Alexander-Film

Der Film »Dirty Dancing«

Von den eigenen Gefühlen überwältigt werden

Das persönliche Lieblingsbuch

Gesangsunterricht nehmen

In einem Leuchtturm übernachten

Mit dem Fahrrad durch eine Pfütze fahren und die Beine hochhalten

Den ganzen Tag in der Therme verbringen

Einen lustigen Skilehrer haben

Die Lässigkeit der Menschen im Süden

Wenn jemand andere sehr gut nachahmen kann und alle zum Lachen bringt

Verständnis

»Stille Post« spielen

Eine virtuelle Umarmung

Handschriftliche Geburtstagsgrüße

Ein Urenkelkind bekommen

Sich entschließen, jemandem zu vertrauen

Eine Genusswanderung

Geschenkideen

Die Zufriedenheit nach einem guten Essen

Shiatsu

Staubpartikel im Sonnenlicht tanzen sehen

Den Teppich wegrollen und tanzen

Achtgeben

Silvesterbräuche

Ein Mosaik

Schwarz-Weiß-Muster

Logikfragen

Ein Zauberkasten

Ein Wasserbett

Shopping

In einer Studentenbude essen

Die Freude von Kindern in Disneyland

Wenn der Zug pünktlich ist

Einen Touristenort außerhalb der Saison besuchen

Eine fremde Kultur kennenlernen

Einen Kopfstand machen

Erfolg auf der ganzen Linie

Sich erfolgreich fühlen

Davon träumen, mit einer Rakete ins All zu fliegen

Wenn eine Wunde verheilt

Vampirgeschichten

Gefördert werden

Wenn die eigene Website verlinkt wird

Aufgaben delegieren

Radiomoderator sein

Einen Trickfilm synchronisieren

Dass Werbung manchmal richtig witzig ist

Norah Jones

Sich alle Sorgen von der Seele reden können

»Wunder meiner Seligkeit« von STS

»Certe notti« von Ligabue

Den Traumjob bekommen

Naturgesetze

Ein Sachbuch schreiben

Das erste Mal Grillen im Sommer

Schöne weiße Dessous für die Hochzeitsnacht

Abgetragene Schuhe, mit denen man viel erlebt hat

Sich einfach treiben lassen

Die erste Liebe

»Das funktioniert immer«

Gutes Benehmen

Sich um jemanden kümmern, der krank ist

Unbeugsamkeit

Ferien in Balkonien

Mit Kakaopulver und einer Vorlage ein Muster auf einen Kuchen zeichnen

Die Frage »Wie wichtig ist mir die Karriere?«

Jemanden mögen

Eine Auszeit vom Job

Forderungen stellen

Meringues

Wenn eine Box genau an den dafür vorgesehenen Platz passt

Sommerpause

Eine Massage am Strand

Crêpes mit Fleisch

Kleine Schrammen

Ein Dromedar, das gemütlich schaukelt

Schuhe mit Keilabsatz

Starre Hierarchien aufbrechen

Riemchensandalen

Doppeldates

Buchweizen

Eisenerz

Lieblingsmenschen

Eukalyptusbäume

Eine spektakuläre Feier

Ansichtskarten

Abendsonne

Helden der Arbeit

Zinn

Ein Refugium

Anders aussehen als die anderen

Eine Reise nach Bukarest

Ein Wasserfallausschnitt

NGOs

Ein Haarband

Der siebte Sinn

Sauerstoff

Lachgas

Japanische Mangas

Eine romantische Parfumwerbung

Fußball im Fernsehen anschauen

Eine Nickelbrille

Eine Mitfahrgelegenheit finden

Goldgräberstimmung

Ein Nonstop-Flug

Meeresfischzucht

Sachlich diskutieren

Eine Geschäftsbeziehung pflegen

Sich zusammensetzen und über alles reden

Stromversorgung

Sonntagnachmittage

Ein Buch über Dinosaurier

Bargeld

Ein Mikrofasertuch für den Laptop und das Handy

Ein Gottesdienst

Die Erfindung der Fernbedienung

Atheismus

Wenn alles reibungslos verläuft

Aus dem Hamsterrad aussteigen

Den Mut finden auszuwandern

Eine neue Uhr

Italienische Designermode

Prenzlauer Berg

Die Altstadt

Knospen

Eine Pension eröffnen

Die richtigen Leute kennen

Standards

Sich im Ausland bewerben

Die große Chance

Schulfreunde

Studieren

Florida

Die Sau rauslassen

Die eigene Identität

Freundschaft

Das richtige Studienfach finden

Mit der Seilbahn fahren

Froh sein

Premium

Der eigene Dialekt

Kaufhäuser

Eine Prinzenhochzeit im Fernsehen anschauen

Running Gags

Die Frage »Wo siehst du dich in fünf Jahren?«

Mitspielen

Die nachvollziehbare Herkunft von Lebensmitteln

Wenn ein Kind zum ersten Mal einen Turm aus Bausteinen baut

Etwas aus dem 19. Jahrhundert

Saure Süßigkeiten

Eine Lücke schließen

Pünktlich abgeholt werden

In den Startlöchern stehen

Wenn jemand nach dem Fortgehen alle heimfährt

In die heiße Suppe blasen

Alte Jogging-High-Schuhe aus den 1990er-Jahren

Eine Kappe zum Sonnenschutz

Ein Stubenwagen

Muscheln am Strand sammeln

Butterbrot mit selbst gemachter Marmelade essen

Nektarinen

Ein Liebesgedicht bekommen

Auf die eigenen Kinder stolz sein

Februar

An Silvester das vergangene Jahr Revue passieren lassen

In einem Zelt schlafen

Im Bett lesen

Sich auf ein Konzert freuen

Eine Reise nach New York

Heiraten

Eine Geige

Jemanden auf einen Toilettenfehler hinweisen und ein dankbares Lächeln ernten

Eine Rolltreppe, die einem das Gehen erspart

Barfuß durch die Wiese laufen

Von einer Mauer springen

Sushi essen in Japan

Eine Reise nach Jamaika

»Die unendliche Geschichte« von Michael Ende

Passionsblumen

Dass Blumen Schlangenbart heißen können

»Die Spendierhosen anhaben«

Sich einen E-Reader kaufen

Jemanden heimlich auslachen

Stärker zu sein, als man dachte

Mit dem neuen Schwarm ins neue Jahr starten

Bei jemandem das Herz ausschütten können

Frisch gepresster Orangensaft

Die großartige Stimme von Amy Winehouse

Sich einfach mal ausklinken

Die Begeisterung eines kleinen Kindes, das zum ersten Mal Schnee sieht

Unwiderstehlichkeit

Ein Film mit Brad Pitt

Fairness

»Einen großen Fisch an der Angel haben«

Einen sehr langen Tunnel wieder verlassen

Über seine Gefühle sprechen können

An einem sonnigen Tag Ski fahren

Ein Skihelm

Sanddorn

Ein Flugzeug beobachten und Fernweh bekommen

Freundliche Stimmen am Telefon

Die Erfindung der DVD

»Für immer«

»Wouldn't it be nice« von The Beach Boys

Wie ein VIP behandelt werden

Lederkoffer

Edles Schreibpapier

Ein Gratis-Upgrade in die erste Klasse

Ein gespannt lauschendes Publikum

»Love me tender« von Elvis

Flache Schuhe

Eine neue Seite an sich selbst entdecken

Fotos ausdrucken

Feuerzeugbenzin

Ein Korsett

An die Ostsee fahren

Hoch hinaus wollen

Selbst ein individuelles Schmuckstück anfertigen

Viele bunte Balkonpflanzen

Eine Veränderung

Flexibel sein

Das Schweigen beim Angeln

Tee in schönen Stoffsäckchen

Wenn das Lieblingsbuch verfilmt wird

Rouge

Topmodel werden

Über die Geschichte der Römer lesen

Ein Ameisenbär

Eine Kundenkarte

Eine handgeschnitzte Wiege

Wenn ein Baby in einer Wiege schlummert

Aus einer alten Jeans eine Tasche nähen

Geisha-Style

Do it yourself

Ein Schaf streicheln

Den eigenen Wohntraum verwirklichen

Eine Oper in der Arena von Verona besuchen

Hybridfahrzeuge

Schritt-für-Schritt-Anleitungen

Den Diätwahn nicht mitmachen

Wollgras

Lust

Eine Lavalampe

Die Faszination von Lava

Eine Möbelmesse

Wunderkinder

Eine Süßigkeitenmesse

Appetit

Shirts für Meerschweinchen

Der niedrige Verbrauch eines Autos

Ein Soccerpark

Eine lange Shoppingnacht in der Stadt

Ein Bierfass anstechen

Eine Sommerrodelbahn

Der Knigge

Wenn eine Nervensäge sich endlich verabschiedet

Nervenkitzel

Charakter

Keine falsche Bescheidenheit

Raumfahrt

So tun als ob

Training

Der Partymittelpunkt sein

Ein Polohemd tragen

Wasserspiele

Die Küche auf einer WG-Party

Der Wachdienst

Dass man beim Joggen in zehn Minuten 70 Kalorien verbrennt

Der Beginn der Freibadsaison

Die Intelligenz des Körpers

Taktik

Online selbst eine Kappe gestalten

Ein bunter Schwimmreifen

Mandalas

Ein Innenhof

Ein Sonnenzelt

Eine friedliche Demo

Schablonen

Gebrauchte Kleidung für die Kinder geschenkt bekommen

Straßenmalkreide

Micky-Maus-Bettwäsche

Tiefstapeln

Eine Klassenreise

Ein Automatikgetriebe

Winterschlussverkauf

Ein kuscheliges Spannleintuch

»Wissen, wie der Hase läuft«

Eine Luftmatratze

»Bescheidenheit ist eine Zier«

Eine Strandmatte mit Nackenrolle

Selbstdarstellung

Das Einmaleins

Ein bunter Ball

Panna Cotta

Chicken Curry

Ein Wasserkocher

Wenn eine Geschichte nur so aus einem heraussprudelt

Ein altes Reisetagebuch lesen

Schokolade klein hacken für den Kuchenteig

Kohlrabi

Ein Duschkopf mit Massagestrahl

Skigymnastik

Eine Supererde

Eine Radfahrhose

Ein guter Bankberater

Nostalgie

Eine köstliche Gewürzmischung

Die Lokalbahn

Eine Tunika

Ein Überraschungsei

Hippies

Salami

Statement-Ketten

Fotos retuschieren

Eine Buchsbaum-Pyramide

Plateau-Booties

Hemdkleider

»Frohes Schaffen«

Freiräume

Den Sinn hinterfragen

Origami
Eine Schatzkiste

Sich jung fühlen

Hotpants

Frisch rasierte Haut

Vatertag

Kirschblüten

Ein Ehrenkodex

Schlabberlook

Lotus

Die beste Freundin

Ein Peeling

»That's what friends are for«

Ein Pflegeritual

Der Ausdruck »mein Herzblatt«

Noble Blässe

Im siebten Himmel sein

Aus Alt mach Neu

Ein Kussmund

Ein Schwebebett im Garten

Smokey Eyes

Stickerei

Ein elegantes Designersofa

Ein eigenes Café eröffnen

Ein Auto mit großem Laderaum haben

Muschelohrringe

Buchstabennudeln

Zaubersprüche

Ein röhrender Motor

Der Aufreger der Woche

Die Unterwasserwelt

Bollywood-Style

Ein Museum voller Meerestiere

Ein Debut

Eine Praline kosten und dann die ganze Schachtel aufessen

Die goldene Hochzeit der Eltern

Ein besonderes Jubiläum feiern

Mitglied einer Jury sein

Als Chocolatier eine neue Praline kreieren

Seinen Master machen

Ein hilfreiches Mittel gegen Pickel finden

Wenn das Auto die TÜV-Prüfung besteht

Lange Öffnungszeiten

Wenn man zu einer Zeit shoppen geht, zu der fast keine anderen Leute da sind

Eine erfolgreiche Gehaltsverhandlung führen

Unabhängigkeit

Die Primetime

Ein herausragender Athlet

Technische Innovationen

Multitasking

Wortgewandt sein

Zivilisation

Unbeschäftigt sein

Dramatik

Mitglied eines Stammtischs sein

Eine Einkaufsliste schreiben

Häuser mit Frauennamen in den Alpen

Gemeinsam mit den Kindern kochen

Feminismus

Extrovertiert tanzen

Wenn ein Mensch aufblüht

Die Woche vorplanen

Teebeutelteller

Wenn das Publikum einen liebt

»Du und ich«

Kultiviert sein

Andy Warhol

Chillen

Tiefsinnigkeit

Ein Stipendium bekommen

Die Forschung gegen Alzheimer

Sich ein Hintertürchen offenhalten

Retrotrend

Zeit für die Familie haben

Der erste Ferientag

Altmodisch sein

Ein Cardigan

Punktgenau sein

Es übertreiben

Im Stadion laut herumschreien

Eine Absichtserklärung

Das Gemeinschaftliche

Seine Zeit verschwenden

Jemandem die Daumen drücken

»Zum Glück«

Die Gesetze der Liebe

Medizin studieren

Seine Ziele auswählen

Ingenieur werden

Die Wahrheit

Ein Kuss auf die Nase

Sich ein Leben mit jemandem aufbauen

Die Leere füllen

Physiotherapie

Das Wort »sensationell«

Neue Eindrücke

Einen Turm aus Steinen bauen

Eine Ausbildungsstelle finden

Sich etwas verdient haben

Neue Denkansätze

Karriere und Familie vereinbaren können

Gleichberechtigung

Mindestlohn

Bed & Breakfast

Etwas Universelles

Silberne Anhänger in Schlüsselform

Schorle

Im Winter aufs Laufband gehen

Fröhliche alte Menschen

Der perfekte Lidstrich

Rehbraune Augen

Sich hin- und herwälzen und dann endlich eine gute Schlafposition finden

Einen Verlobungsring kaufen

Jemandem einen Kuss zuwerfen

Auf dem Bauch schlafen

Ein Sportplatz

Kleine Tricks

Radieschen

Der perfekte Rasierer

Ein Tag, an dem alles glattgeht

Ein grüner Pullover

Eine aufregende Nacht

Unvergessliche Erlebnisse

Eine schwarze Hose, die einfach immer passt

»Schön, dass es dich gibt«

Nein sagen

Eine Bosna

Die breite Einkaufsstraße

Ja!

Ein Hotdog

Der goldene Schimmer in blonden Haaren

Wie die Haare im Sonnenlicht glänzen

Wiener Würstchen

In niemandes Schuld stehen

Wenn das Baby zum ersten Mal sein Fläschchen selbst halten kann

Eine Stupsnase

Ein alter Waschbottich

»Ich will mit dir zusammen sein«

Der perfekte Haarschnitt

Oberarmmuskeln

Spätzle

Ein Moskitonetz

»Ich bin stark«

Maiskolben mit Butter

Ein gutes Leben haben

Eine Sonnenfinsternis

Ein Rübenacker

Ein dickes Fell haben

Frische

Nicht gleich beleidigt sein

Dankgebete

Ein großes Tiefkühlfach

Wenn ein neuer Tag anbricht

Gut backen können

Wenn die Dinge sich zum Guten wenden

Selbst einen Blumenstrauß zusammenstellen

Leute auf Partys kennenlernen

Nach einem Umzug am neuen Ort heimisch werden

Die Klugheit der Evolution

Dass alle Vorgänge in der Natur aufeinander abgestimmt sind

Minikörbe für Geschenke

Buschige Augenbrauen

Ein gefüllter Truthahn

Sonnenlicht

Ein Gute-Laune-Tee

Sanfter Wind

Die Faszination von Hagel

Mit einem Kajak fahren

Frisch rasierte Beine

Auf einen teuren Cocktail eingeladen werden

Zufällige Begegnungen, die etwas ins Rollen bringen

Das neue Handy ausprobieren

An der ersten Raststation hinter der Grenze haltmachen

Nach einem Kasinogewinn aufhören zu spielen und sich das ganze Geld holen

Einen Burger in New York essen

Einen eigenen Garten haben

Eine intakte Muschel finden

Ein Spaziergang durch den Wald

Wandern

Ein Marzipanschweinchen als Neujahrsgruß

Schokolade mit Rum

Ein Stück Torte mit einem großen Löffel Sahne essen

Gemeinsam mit den Kindern Weihnachtsplätzchen ausstechen

Die letzte Kugel Eis vor dem Winter

Kiwis

Einmal die Eltern zum Essen einladen statt umgekehrt

Mama anrufen, um zu fragen, wie es ihr geht

Die Geburt eines Kindes

Wenn die Handtasche und die Schuhe farblich zusammenpassen

Die erste Kerze am Adventskranz anzünden

In einem Wasserbett schlafen

Mit dem Rad in die Arbeit fahren

Ein Open-Air-Konzert

Ein Klavier

Ein Aufzug, der einem das Gehen erspart

Im Sommer den ganzen Tag barfuß gehen

Popcorn in die Luft werfen und mit dem Mund auffangen

Über eine glänzende Glatze streicheln

Ein Geheimnis anvertraut bekommen

Ein neues Parfum, das richtig gut duftet

Eine erleichterte Umarmung

Fische angeln und am Lagerfeuer grillen

Eine Weltreise

Pfingstrosen

Der Ausdruck »im Adamskostüm«

Das Zehnfingersystem beherrschen

Prosecco mit Holunderblütensirup

Multivitaminsaft

Sich vorstellen, ein anderes Leben zu führen, und dann wieder froh über das eigene sein

Beim Arzt nicht lange warten müssen

Wohltätigkeitsveranstaltungen

Elvis Presley

Sich selbst nicht so wichtig nehmen

Dass man im Winter den Atem als kleine Wolke sieht

Sich zu jemandem hingezogen fühlen

Ein Film mit Johnny Depp

Sich selbst zu den Gewinnern zählen

»Bis in die Puppen«

Zum Geburtstag Geld geschenkt bekommen

Die Sonne im Herzen haben

Das Lieblingsshirt

Ein romantischer Skiurlaub zu zweit

Müsli mit getrockneten Ananasstücken

Eine detaillierte Beschreibung

Mit einer alten Zahnbürste schöne Muster auf die Ostereier malen

»Von einem Ohr bis zum anderen strahlen«

Savoir vivre

Beim Duschen die richtige Temperatur finden

Wenn sich eine Befürchtung nicht bestätigt

Ein Versprechen, das Jahrzehnte hält

Ein Wochenendtrip ins Grüne

Einen schnulzigen Liebesroman lesen

Mit dem Laptop unterwegs arbeiten können

Der Kreislauf des Lebens

Aloe vera

Sich entschuldigen

Bei einem Stromausfall Kerzen im Haus haben

Gartenhandschuhe

Cocooning

Ein Flugzeug beim Start beobachten

Wenn der Regen aufhört

Beschützt werden

Sagen, was man denkt

Das Wort »formidabel«

Die Beine hochlegen

Jemanden beschützen

Sich ins sonnenwarme Gras legen

Fangfrischen Fisch essen

Beim Wandern eine Rast in einer Hütte einlegen

Ein blühender Magnolienbaum

Schokolade mit Chili

Eine ganze Packung Gummibärchen essen

Erdbeermarmelade selbst kochen

Wassermelone

Ein unbeschwertes Gespräch mit den Eltern führen

Das Lächeln eines Kindes, das gerade die ersten zwei Zähne bekommen hat

Schwanger sein

Einen runden Geburtstag feiern

Ein Kochbuch geschenkt bekommen

Die Weihnachtsgeschenke liebevoll verpacken

Ein gemütliches Hotelbett

Am Strand übernachten und das Rauschen des Meeres hören

Wenn nach dem Schwimmen das Wasser aus den Ohren geht

Mit dem Rad zum Baden an den See fahren

Auf einen Drink eingeladen werden

Eine Reise nach Mallorca

Silberdisteln

Eine Blume geschenkt bekommen, die man noch nie gesehen hat

Beim Sport den entscheidenden Punkt machen und von allen bejubelt werden

Der Geruch in einem neuen Auto

Den Tauchschein machen

»Jemandem schöne Augen machen«

Sich daran erinnern, warum man sich einst ineinander verliebt hat

Dass Pippi Langstrumpf so viele Vornamen hat

Ausgeglichen sein

Ein Baby, das aus dem Kinderwagen lacht

Zu Halloween eine Kürbislaterne basteln

Sich nicht in die Karten schauen lassen

Ein genau richtig gemixter Drink

Das Stehaufmännchen Robbie Williams

Selbstverteidigungskurse

Sich an seinen Trainingsplan halten

Selbst einen kleinen Zaubertrick lernen

Zum Tanzen aufgefordert werden

Der Ausdruck »quietschfidel«

Ein Bildband von der eigenen Heimat

»Sich keine grauen Haare wachsen lassen«

Die angenehmen Temperaturen in einer Therme

Skiurlaub in den österreichischen Bergen

»Das Tanzbein schwingen«

Wenn Lehrer Wissen gut vermitteln können

Schönes altes Geschirr vom Flohmarkt

Einen Hörfunkspot aufnehmen

Einen Gipsabdruck vom Babybauch machen

Dass man sich die neuesten Serien im Internet legal anschauen kann

Das Bittere und das Süße

Die Schwerelosigkeit

Ein Lied, das man nicht hören kann, ohne zu tanzen

Omas Geburtstag

»Beautiful« von Athlete

Standing Ovations

Ebay

Die perfekte Welle

Fotos von einem Neugeborenen

Dass einem die ganze Welt offensteht

Energie tanken

Grafologie

Eine Choreografie einstudieren

Stolz auf eine Leistung sein

Ein Laserdrucker

Die Lieblingsunterhose

Verwegen sein

Die Haare in der Sonne trocknen lassen

Wissen, welche Menschen wahre Freunde sind

Eine menschliche Pyramide

Freunde aus Kindertagen

Auf einer Safari Elefanten und Löwen sehen

Goldfarbener Lidschatten

Nicht vor der Obrigkeit buckeln

Wenn eine gewünschte Veränderung endlich eintritt

Heldensagen

Ein tolles Seminarhotel

Fortsetzungsfilme

Sich mit schönen Dingen befassen

Ein Faultier

Die Royals

Auf einer Luftmatratze liegen und auf dem See dahintreiben

Blumenmädchen

Die rosarote Brille

Die Abschlussarbeit abgeben

Unabhängig sein

Ein schwarzer Hut

Feine Augenbrauen

Ein Wettrennen am Strand

Leuchtende Quallen

Russische Mützen

3-D-Filme von der Meereswelt

Eine frische Packung Milch öffnen

Die Kombination aus Gelb und Orange

Eine Kasserolle

Wallnussholz

Zahme Ratten

Kaffee in einer riesengroßen Schale

Ein Haustier haben

Gute Blutdruckwerte

Äste mit glitzerndem Schnee

Die Läden in der Nachbarschaft

Sprüche auf den Teebeutelzettelchen

Das eigene Viertel

Mittsommerwende

»Es ist schön mit dir«

Ein Sonnwendfeuer

Nach einem langen Marsch das Ziel sehen können

Tagundnachtgleiche

Eine neue Heimat

»Schön, Sie kennenzulernen«

Innerer Reichtum

Die Wärme eines anderen Menschen spüren

Seesterne

Der unverkennbare Duft des Partners

Überbackene Apfelringe

Sich die klebrigen Hände waschen

Wenn ein Hund mit dem Schwanz wedelt

Den Kuchenteig verrühren

Rot-weiße Streifen

Die letzten Blätter auf den Bäumen

Wenn die Kleidung in der Sommersonne trocknet

Hitzefrei

Dass in südlichen Ländern Wäscheleinen zwischen den Häusern gespannt sind

Helle Wimpern

Einem Schmetterling nachlaufen

Nach einem Umzug alles fertig ausgepackt haben

Lange Telefongespräche

Kerzen im Fenster

Die Wissenschaft

Fortschritte machen

Einigkeit

Den Blick für die Details haben

Der Lotuseffekt

Wissen, was man am besten kann

Tautropfen auf Blättern

Dass Chinesinnen in Rot heiraten

Funkenmariechen

An einem Magazin mitwirken

Cowboy und Indianer spielen

Mitglied in einem Debattierklub sein

Süßwasserfische

Cheerleader sein

Vanille-Kirsch-Milchshake

Das Tote Meer

Inuit-Dörfer

Ein Kuss unter dem Regenschirm

Zu träumen, dass man fliegen kann

Hand in Hand durch den Supermarkt gehen

Ungeplante Glücksmomente

Dass das Glück nicht geplant werden kann

Ein Spaziergang im Mondschein

Mit einer Propellermaschine fliegen

Rote Ziegel

Große Heuhaufen

Genug Zeit zum Umsteigen zwischen zwei Flügen haben

Ein Weizenfeld

Glutenfreie Nahrungsmittel

Wenn die Wartezeit vorbei ist

Ein Baby baden

Die Nabelschnur durchtrennen

Kleine Rucksäcke für Kinder mit bunten Tieren drauf

Etwas kochen und wissen, dass es köstlich sein wird

Sommernachtstraum

Ananassenf

Steinbrücken

Zusehen, wie die Kinder aufwachsen

Ein Überraschungsbesuch

Wenn die Gäste über Nacht bleiben

Zweitschlüssel

Gulasch

Wenn etwas der Mühe wert ist

Zitronensoße

Ein Papierdrachen als Wanddekoration

Der Ursprung von Wörtern

Unwiderstehlichkeit

Dass Tiere nie Stress haben

Buttersticks

Ein Rückenschrubber

Wenn einem spontan zehn Dinge einfallen, die einen glücklich machen

Süßkartoffeln

Bistrotische

Tempura

Sich die Lippen schminken

Bei einem Jachtrennen zusehen

Nach einem Unfall unverletzt sein

Frieden finden

Wenn im Radio gute Musik gespielt wird

Wenn der Akku des Handys voll aufgeladen ist

Ein Standmixer für Bananenmilch und Smoothies

Sich notieren, welche Bücher man gelesen hat

Aus dem Fenster schauen

Tagträume

Hüllenlose Fotos machen

Die Ausstrahlung

Am ganzen Körper tätowiert sein

Eigenwilligkeit

Eine pinke Quietscheente

Keine Modelmaße haben

Sich draußen bewegen

Ein Fotostudio besitzen

Sich piercen lassen

Den Durchbruch schaffen

Eine kuriose Fernsehsendung

Die Mischung aus Faszination und Ekel

Ein Muttermal neben dem Mund

Glitzersteinchen

Ein Covergirl sein

»Du bist richtig gut«

Willenskraft

Der Name Timea

Den Chef überzeugen

Nachwuchstalente

»Ich fühl mich gut«

Der perfekte Hüftschwung

Profitänzer sein

Ein mädchenhaftes Kleid

Eine Sucht besiegen

Ein Risiko eingehen

»No risk, no fun«

Das Risiko genau kennen

Ein uraltes Fahrrad, das quietscht

Ein guter Moderator

Amüsement

Stargast sein

Pelzfreie Mode

Tierschutz

Silikonformen für Cupcakes

Dass man heutzutage immer und überall Musik hören kann

Das Heute

Das Gefühl, gebraucht zu werden

Eine Playlist mit den Lieblingssongs

Ein Patent anmelden

Skurrile Geschichten

Melancholische Geschichten

Die Welt der Literatur für sich entdecken

In einer Kiste mit CDs zum Sonderpreis stöbern

Herumstöbern

Wundervolle Tage

Ein Gedankenblitz

Kühlschrankkuchen, die man nicht backen muss

Zurück auf Start gehen und es noch mal versuchen

Mr Right

Bunte Strumpfhosen

Wenn Tag für Tag die Sonne scheint

Wenn man Komplimente für seinen guten Musikgeschmack bekommt

Der Leadsänger sein

Neue weiße Turnschuhe

Tanzen, bis man schweißgebadet ist

Farn

Lust auf was Süßes haben

Keinen Fernseher besitzen

Sich bewusst ausklinken

Ein Restaurant mit offener Küche, wo man die Köche beobachten kann

Meeresbiologie studieren

Selbst einen Kalender basteln

Einen Anruf nicht länger aufschieben

Die beste Freundin anrufen

Beruhigende Musik

Rosige Wangen

Eine Boot-Show

Mit Kreide auf einer alten Tafel schreiben

Die Erinnerung an Dinge, die es nicht mehr gibt

Doppelringe

Weißgold

Eine neue Sonnenbrille

Wie die Kinder sich auf Weihnachten freuen

Der Geruch von warmem Asphalt, auf den Sommerregen fällt

Das Rauschen der Wellen

Die Blumen am Wegrand aufmerksam betrachten

Zusehen, wie die Ameisen auf ihrem Ameisenhaufen herumwuseln

Frisch geschlüpfte Küken

Schokoladenkekse

Stracciatellaeis

Zwei kleine Kinder, die Hand in Hand gehen

In einem Jugendfoto der Eltern sich selbst erkennen

Einen Adventskalender selbst basteln

März

Einen Weihnachtsbaum kaufen

In Embryoposition schlafen

Eine Reise nach Nizza

Klatschmohn

Dass Lachen ansteckend ist

Im Herbst Kastanien sammeln

Ein Film mit Jude Law

Charity

Ein faires Spiel

Political Correctness

»Ins Blaue fahren«

Wenn die Anspannung nachlässt

Feng-Shui

Sich etwas zu Herzen nehmen

Im Tiefschnee Ski fahren

Einen spannenden Thriller lesen

Wenn die Nachhilfe fruchtet

Ein toller Flohmarkt in einer Großstadt

Einen witzigen Werbespot im Radio hören

Die Erfindung der CD

Dido

Gianna Nannini

»Liebe ist alles« von Reinhard Mey

Traditionelle Herstellungsweisen

Im Bauernhofurlaub selbst eine Kuh melken

Ein kleiner Hund, der in der Sonne döst

Johnny Cash

Neue Kraft schöpfen

Zum ersten Mal einen Tanzkurs besuchen

Eine Buchmesse besuchen

Airbrush-Make-up

Arm in Arm durch enge Gassen schlendern

Ein Aufenthalt in einem Fünfsternehotel

Beim Gassigehen mit anderen Hundebesitzern ins Gespräch kommen

Aufbegehren

Ein kleiner Kräutergarten auf dem Balkon

Eine Befreiung

Die persönlichen Rituale

Subtiler Humor

Ein interessantes Seminar besuchen

Bei einem Workshop etwas wirklich Hilfreiches lernen

Die Sagen des Altertums

Die Innenstadt

Jemandem eine Chance geben

Das Studienfach wechseln

Eine Krönung im Fernsehen anschauen

Mit Lego Duplo spielen

Eine Zahnlücke

Eine Vorteilskarte

Eine Wiege schaukeln

Den eigenen Körper kennen

Eine Elektropumpe für die Luftmatratze

Sommerschlussverkauf

Eine Satinhose

Kabuki-Theater

Einen eigenen Laden eröffnen

Silberne Hochzeit feiern

Das Diplom überreicht bekommen

Ein Auto mit Allrad, wenn man in den Bergen wohnt

Aus Buchstabennudeln »Ich liebe dich« schreiben

Eine rote Hose

Mitternachtssonne

Krebse

Schutz finden

»Mir geht's gut«

Im Bett sitzen

Ein großes Kaminfeuer in einem Schloss

Wenn der Vorhang fällt

Gebärdensprache

Wenn ein Kind zum ersten Mal aufs Töpfchen geht

Souvenirshops

Aufrichtige Freunde haben

Jemandem nachwinken

Angorakatzen

Fish and Chips

Sich Zeit lassen

Ein Baby beruhigen

Das 20-jährige Klassentreffen

Sich amüsieren

Eine Uferpromenade

Die Lichter im Hafen

Ein zufriedenes Seufzen

Schmetterlinge aus Papier

An einem heißen Tag die Blumen mit dem Gartenschlauch gießen

Sich jemandem vorstellen

Einer Spinne dabei zusehen, wie sie ein Netz spinnt

»Darling«

Wenn das Publikum sich vor Begeisterung nicht halten kann

Ein Aquarium

Surf and Turf

Dass Leute Videos von witzigen Tänzen ins Internet stellen

Die Augen schließen

Überraschend guter Sex

Mit jemandem zusammen sein, den jeder gern mag

Die Eltern des neuen Partners kennenlernen

Wohnzeitschriften durchblättern

Extrovertiertheit

Wenn die Gedanken abschweifen

Zu Jazz tanzen

Die italienische Riviera

Viele E-Mails bekommen

Sich inspirieren lassen

Von Künstlern inspiriert werden

Sexiness

Ein gutes Herz haben

Sanftmütige Menschen

Ein gutmütiges Lächeln

Überallhin zu Fuß gehen

Eine Gesichtsmassage

Wenn ein nerviger Ohrwurm endlich verschwindet

Dass es immer wieder neue Bands und neue Musik gibt

Neue Musik entdecken

Sich zu etwas überreden lassen, das dann richtig viel Spaß macht

Gitarrensoli

Eine Schwangerschaft

Cowboystiefel

Ein krähender Hahn

Mal wirklich spontan sein

Ältere Damen, die niemals fluchen würden

Marilyn Monroe

Kaltes Hühnchen essen

Ein Laden, der bis oben hin mit Waren vollgestopft ist

In die Türkei fliegen

Den CD-Player reparieren

Ein Standmixer

Eine lange Halskette

Kleine Garderobehaken zum Aufhängen von Schmuck verwenden

Ein aus Draht geflochtener Korb

Sich nicht anbiedern

In einer Stresssituation gelassen bleiben

Schnell reagieren

Sich mit Meditation auseinandersetzen

Den Ruhepol in sich selbst finden

Im Takt sein

Pop-Tarts

Ein kleines Hundebett

Schneebedeckte Berge

Die Schönheit eines wild wachsenden Gartens

Ein Blick, in dem Schüchternheit und Stolz zugleich liegen

Ein rotes Kanu

Landschaftsmalerei

Abstrakte Malerei

Der Impressionismus

Pablo Picasso

Beim Gehen die Schritte zählen

Dass es im Wald schattig und kühl ist

Frisch gewienertes Parkett

Routine

Lachen, lachen, lachen

»Du kannst alles erreichen«

Rückenwind haben

Wenn reife Früchte vom Baum fallen

Den Beweis bekommen, auf den man gewartet hat

Kleine Wellen

Polka-Dots

Fleißig sein

Trashige Sendungen im Fernsehen anschauen

Mandolinen

Eine Reise voller Überraschungen

Beim Packen der Umzugskartons verloren geglaubte Dinge finden

Papier schreddern

Ein Feld voll leuchtender Kürbisse

Gutes Allgemeinwissen

Erdnüsse knacken

Neben jemandem stehen, den man liebt

Einen Film mit dem ganzen Freundeskreis ansehen

Schicke Uniformen

Mit Wasserfarben auf die Fenster malen

Ein heißes Getränk mit Strohhalm trinken

Das Fenster öffnen

Die Wohnung lüften

Am Fenster stehen und das Treiben der Stadt beobachten

Die Annehmlichkeiten eines Wohnwagens

Ein Fan von Campingurlaub sein

Ein Zelt aufbauen

In einem Zelt im Garten schlafen

Ein warmer Schlafsack

Zu zweit in einem Zelt schlafen

In einem Zelt am Meer übernachten und das Rauschen der Wellen hören

Baumwollstoffe

Farbübergänge

Ein Zelt für Kinder

Luxusurlaub

Die Geschichte eines Gebäudes kennen

Eine Fußballweltmeisterschaft

Ein wertvolles Gemälde ersteigern

Die Heizung aufdrehen

»Hakuna Matata«

Hilfe bei einem Projekt bekommen

Badminton

Ein guter Verlierer sein

Ein großes Buffet

Tomaten ernten

Ein Winter, der wärmer ist als sonst

Frische Luft durch das Fenster hereinlassen

Seife in Teddybärform

Lavendelseife

Ein dunkelblauer Himmel

Sich verabreden

Den Bruder zum Frühstück einladen

»Faul sein ist wunderschön« (Pippi Langstrumpf)

»Somewhere over the rainbow« von Harold Arlen und E. Y. Harburg

Heidelbeereis

Blütenblätter zwischen Büchern pressen

Wie-man-etwas-macht-Bücher

Sich vorbereiten

Eine Reise nach Florenz

Die Fische im Aquarium füttern

Dass Verkehrsampeln alles regeln

Wenn das eigene Kinderzimmer unverändert bleibt, nachdem man ausgezogen ist

Monumente, die nachts beleuchtet werden

Eine Sauna im eigenen Garten

Mit Freunden in die Sauna gehen

Nicht die Geduld verlieren

In der Sauna den Kopf freikriegen

Beim Joggen den Kopf freikriegen

Dass es im Winter so rasant dunkel wird

Körpersprache

»Du bist alles für mich«

In Ruhe Kaffee trinken, während alle anderen noch schlafen

Küsse

Jemandem ein Lied vorsingen

Karaoke

Akzeptieren, dass das Leben verrückt ist

Schmusemusik

»Lalalala« singen

»Der Klügere gibt nach«

Snacks im Kino

Ben & Jerrys Eis

Holz hacken

Wenn Kinder im Restaurant ein Malbuch und Stifte bekommen

Auf den Kirchturm steigen, um die Aussicht zu genießen

Ein Familienkalender, der allen zeigt, was die ganze Woche über zu tun ist

Richtig scharfe Peperoni

Strohdächer

Jemanden verkuppeln

Uhrenmacher

Endlich die losen Knöpfe annähen

Ein Hund, der genüsslich an einem Knochen kaut

»Let the sunshine in«

Die Zeitung zum Frühstück

Eine Babyparty

Wenn die Ampel grün wird

Einem Buchbinder zusehen

Eine selbst gebastelte Geburtstagskarte von einem Kind bekommen

Rosinen und Zimt

Honig für die Seele

Etwas korrigieren

Antioxidantien

Flanell

Hundert Prozent geben

Einen offenen Brief schreiben

Verknallt sein

Eine Unterschriftensammlung für eine gute Sache

Immer wieder über dieselbe Geschichte lachen

Ein aufmerksamer Autofahrer sein

Sich Mühe geben

Jumbo

Stimmengemurmel

Alte Lexika aufbewahren

Vom Partner einen Schlüssel zu seiner Wohnung bekommen

Partnerlook

Ein Haus in ein zu Hause verwandeln

Die Heinzelmännchen

Traubensaft

Sich aufhübschen

Segelhüte

Preisverleihungen

Zischender Speck in einer Pfanne

Wenn einem das Wasser im Mund zusammenläuft

»Das hätte ich jetzt auch gern«

Wenn der Partner beim Einkaufen daran denkt, was man am liebsten mag

Sich ein Spielzeug kaufen, das man als Kind immer haben wollte

Anfangen

Das eigene Geburtsdatum

Eine exakte Antwort

Dass es eine Sperrstunde gibt

Dass es auf dem Land nachts wie ausgestorben ist

Ins Heu springen

Seinen Namen auf die Lebensmittel im Bürokühlschrank schreiben

Dass auch mal Schluss sein muss

Klatsch ignorieren

Ein Kuchen, der absolut perfekt aussieht

Ein Liebeslied komponieren

Ein T-Shirt mit dem Namen der Stadt, die man bereist hat

Erinnerungen an Schulausflüge

An Wiedergeburt glauben

Schuhe mit sauberen Sohlen

Sportklamotten

Für einen Marathon trainieren

Make-up

Einen ganzen Tag lang zu allen freundlich sein

Der erste Tag an der Uni

Beim Antritt des neuen Jobs eine gute Einschulung bekommen

Sich willkommen fühlen

Pralinen in Herzform

Ausprobieren, ob man immer noch die Unterschrift der Eltern fälschen kann

Eine ganze Schar gackernder Hühner

Webarmbänder

Ein indianischer Traumfänger

Mama-Kind-Urlaub

Ein roter Spitzentanga

Der Planet Erde

Mit einer verrückten Idee erfolgreich sein

Ein Spitzenmieder

Hundert Jahre alt werden

»Typisch Mann«

Knuspergeräusche

Wenn die Haut im Winter kribbelt

Stone-washed Jeans

Eine passende Lesebrille

Mit der Sonne aufstehen

Sich daran erinnern, als man nach 18 Uhr nicht mehr einkaufen konnte

Schicke Krawatten

Edle Stoffe für die Wohnung

In den Süden fliegen

Auswärts übernachten

Gegrillte Ananas mit Honig

Ein zugefrorener Kanal zum Eislaufen

Die Stille in einer Bibliothek

Ehrfurcht

Vollkornbrot

Rattanmöbel

Im Mai heiraten

Ein Picknick im Wald

Eine bunte Lunchbox

Gewürzkuchen

Eine Wanderkarte

Gute Wanderwege

Backgammon

Freche Sprüche auf Geburtstagstorten

Zerbrechlichkeit

Durch einen Bach waten

Kneippen

Ein Heliumballon

Catering bei einer Party

Mäuschen spielen

Zu einer Promiparty geladen sein

Snoopy

Die Faszination von Sand

Die Fotos in den Schuljahrbüchern vergleichen

Cornflakes mit Schokolade

»Truly madly deeply« von Savage Garden

Griechischer Joghurt mit Honig und Nüssen

Einen Ferienjob finden

Neben dem Studium Geld verdienen

Froh sein, dass man erwachsen ist

Kaki-Hosen

Wenn sich eine Investition verdoppelt

Mehr herausbekommen, als man investiert hat

Eine tolle Küchenausstattung

Das Cabrio gegen den Familienwagen tauschen

Eine mitreißende Rede

Überzeugungskraft

Hinter dem Bartresen stehen

Bücher für die Zeitung rezensieren

Dem Schrecken ins Gesicht lachen

»Komik ist Tragik in Spiegelschrift«

Palmengesäumte Straßen

Das Tafelsilber

Ein ganzes Wochenende lang nichts tun

Nachtluft atmen

Ein Treffen mit allen Nachbarn organisieren

Dass Rosenblätter so weich sind

Birnensaft

Wenn jemand den Rasen für einen mäht

Über den Wolken fliegen

Bier zur Currywurst

Eine Katze auf der Fensterbank

Buntstifte

Eine Orange auspressen

Gefüllte Keksdosen

Butterbrot mit Radieschen

Schwere Samtvorhänge im Theater

Ein guter Tierarzt

Ein freundlicher Kinderarzt

Wenn ein Arzt eine beruhigende Stimme und sanfte Hände hat

Nicht selbst putzen müssen

Einen Wintergarten anbauen

Große Fenster, die viel Licht in die Wohnung lassen

Ein lichtdurchflutetes Atelier

Ein Mobile für Babys

Croissants mit Marmelade

Eine Laterne basteln

Bunte Sonnenhüte für Kinder

Dass nur 8 Prozent aller Frauen weltweit Modelmaße haben

Kinderturnen

Wasserski fahren

An einem Seeufer sitzen und Eis essen

Weihnachtskarten selbst basteln

Eine versöhnliche Umarmung

Der Blumenname Drachenbaum

Eine Schulter zum Anlehnen haben

Der Ausdruck »wie ein Berserker«

Eine große Auswahl an verfügbaren Babysittern haben

»All I want for Christmas is you«

Einen Verlag für sein Manuskript finden

Eine weiße Unterhose mit roten Herzen

Shampoo für strapaziertes Haar

Seinen eigenen Weg gehen

Ein Seminar organisieren, das gut besucht wird

Legenden aus der Heimat

Morgensonne

Ein Hamster mit vollen Backen

Eine wasserdichte Uhr

Ein Pferd striegeln

Einer Lust nachgeben

Eine Spielzeugmesse

Den eigenen Körper würdigen

Ein Reisetagebuch führen

Ballerina-Socken

Eine schöne Holzkiste mit Metallverschluss zur Deko

Das Land der aufgehenden Sonne

Auf Wolke sieben schweben

Sich Designermöbel kaufen, sobald die Kinder ausgezogen sind

Selbstbestimmt arbeiten

Den gewünschten Studienplatz bekommen

Ein sexy rotes Kleid

»Heute ist mein Glückstag«

Eine alte rostige Gießkanne

Wenn man einander vorgestellt wird

Zweisprachig aufwachsen

Katzenvideos im Internet

Die erste gemeinsame Wohnung

Spontan seine Pläne ändern

Mumford & Sons

Ein kleines Katzenbett

Vincent van Gogh

An sich selbst glauben

Sich für seinen Fleiß belohnen

Reality-TV

Mit Allgemeinwissen punkten

Antiquitäten-Auktionen

Der Kubismus

Ein gefüllter Seifenspender

Seife in Rosenform

Mit den Geschwistern ins Kino gehen

Musicals aus den 1930er-Jahren

Chili selbst anbauen

»Albachiara« von Vasco Rossi

Zwei Zahnbürsten in einem Becher

Der Anfang

Sich nicht beteiligen, wenn über andere gelästert wird

Käsekuchen mit Karamell

Müsli mit frischen Beeren und Joghurt

Im Flugzeug schlafen

Sich vor Augen halten, wie gut man es hat

Eis mit Himbeeren und weißer Schokolade

Cottage Cheese

Ein heiß ersehnter Augenblick

Von seinem Schwarm eingeladen werden

Ein Pyjama aus Seide

Eine gepflegte Apartmentanlage

Ein Meerwasserpool

Der erste Urlaub mit dem eigenen Kind

Steirisches Kürbiskernöl

Ein Energieausbruch

Bagels

Eine Kanne Tee und ein gutes Buch

Den Zeh vorsichtig ins Wasser stecken

Juchzen

Eine Pokernacht

Apfelpfannkuchen

Parfait

Eine richtig gute Hochzeitsband

Die Tage bis zu den großen Ferien zählen

Die Streifen auf einem gegrillten Steak

Davon ausgehen, dass alles besser werden wird

Mit einem Gutschein zehn Prozent sparen

Wenn der Wind ums Haus heult

Bei einem Test bestehen

»Have I told you lately« von Rod Stewart

David Hasselhoff in »Knight Rider«

Zucchiniblüten

Sich den Ärger sparen

Gratis-Straßenkarten

Ein Zimmer betreten, in dem lange niemand mehr war

Blumen umtopfen

Sich verkleiden

Den Computer neu aufsetzen

Ein Regenschirm mit einer aufgemalten Sonne

»Du bist fantastisch«

Squash

Die Chance bekommen, etwas zu sagen, das man schon lange loswerden will

»Everybody hurts« von R. E. M.

Kleenex-Boxen

Zugeben, dass man etwas nicht versteht

Wenn die Hitzewelle vorbei ist

Chicken-Wraps

Zu Hause selbst Tortillas machen

Frühstückssemmeln

Huhn mit Orangensoße

Eine sonnengelbe Tischdecke

Weiße Schokoladenosterhasen

Eine Abkürzung kennen

Gutenachtküsse

Ein Tabu brechen

Lauwarmes Wasser

Ein Haus am Hafen

Der Geruch von kommendem Schnee in der Luft

Osterpinzen

»Du bist mein Traumprinz«

Schlagfertig sein

Am Abend alles für den nächsten Tag vorbereiten

Immer optimistisch durchs Leben gehen

Die Aufregung während eines Fußballspiels

Mobiles aus Muscheln

Eine schöne Szene in Gedanken noch einmal durchspielen

Die freie Verfügbarkeit von Wissen

Dass man nicht alles wissen kann

Eine Zither

Eine lange Nachricht an jemanden schreiben, mit dem man wenig Kontakt hat

Wie sehr sich die Landschaft bei einem Sturm verändert

Eine dicke Füllfeder zum Schreibenlernen

Ein Café, das nicht überteuert ist

Vor einer Reise Geheimtipps von jemandem bekommen, der einmal dort gewohnt hat

Am Strand stehen und über die Wellen hüpfen

Etymologische Wörterbücher

Ein Multiplex-Kino

Ein Nussbaum

Versuchen, alles auf die Reihe zu kriegen

Im Laden Schuhe anprobieren

Kirschkuchen

Produktiv sein

Das Wort »emsig«

Sich daran erinnern, welchen Berufswunsch man als Kind hatte

Suppe, die in einem ausgehöhlten Brotlaib serviert wird

Sich alle Möglichkeiten durch den Kopf gehen lassen

Auf der Treppe vor dem Haus sitzen

Eine Hollywoodschaukel

Wenn abends alle Mütter ihre Kinder zum Essen rufen

Frühstück mit Blick aufs Meer

Alles beisammenhaben

Aufwachen und einen schönen Gedanken haben

Wigwams für Kinder

Nur das Gute in sein Leben lassen

Juliennegemüse

Bohneneintopf

Pfeifen lernen

Das Puppenhaus aus der eigenen Kindheit auf dem Dachboden finden

Eine Mikrowelle

Ein Overall

Gläschen mit Babybrei für unterwegs

Nonchalance

Das Treppengeländer hinunterrutschen

Einfach mal schlecht gelaunt sein

Mit einem Arm voller Bücher aus dem Buchladen kommen

»You and me« von Milow

Ins Summercamp fahren

Eine Schüssel voll dampfendem Reis

Was war zuerst da, das Huhn oder das Ei?

»Ein glückliches Händchen haben«

Am Seeufer sitzen und lesen

Sich auf die Yogastunde freuen

Die Nachprüfung schaffen

Schnappschüsse mit verrückten Grimassen

Dass Erdbeeren so süß sind

Einen Eiswürfel zerbeißen

Dezente Düfte

Dass Sonnenlicht sich in Spiegeln multipliziert

Eine spielende Katze

Sofort bemerken, dass jemand eine neue Brille hat

Den Schreibtisch aufräumen

Bienenwachskerzen

Panflöte spielen

Die Idee für einen Roman haben

Weiße Spitzenvorhänge

Sich mit Wein auskennen

Miss Universum sein

Jemanden die richtige Grammatik lehren

Cheeseburger

Ein Holzbrett zum Gemüseschneiden

Ein Hund, der mit der Leine im Maul an der Tür wartet

Kunsthandwerk

Ein super Ordnungssystem im Kleiderschrank

Zurücklächeln

Wie aus Trauben Rosinen werden

Dass Mineralien Steine färben können

Ornithologie

Reife Pfirsiche an einem Sommerabend essen

Bunte Brillengläser

Einfach und ehrlich

Ein fester Händedruck

Ein Mensch sein, auf den man sich verlassen kann

Aufatmen

Kalzium

Sich gesund ernähren

Das, was man nicht haben kann, einfach nicht wollen

Ein Spielhaus im Garten

Kekse für den Nikolaus vor die Tür stellen

Die Musketiere

Gebundene Bücher kaufen

Dinge im eigenen Haushalt, auf die man nicht verzichten möchte

Holzpuzzles

Jemanden anflirten

Sich trauen, jemanden anzusprechen

Namensschilder beim Dinner

Jemandem einen Brief schicken, der nicht damit rechnet

Eine Eismaschine kaufen

Ein Date am Samstagabend

Das Happy-go-lucky-Gefühl

Das Quietschen einer sehr alten Tür

Ungesättigte Fettsäuren

Das Telefon ausstecken

Saft mit Wasser mischen

Rippchen essen

Einen nagelneuen Geldschein bekommen

Spargelcremesuppe

Der Regenwald

Das Meer am Morgen

Sich beim Tanzen führen lassen

»Du kannst auf mich zählen«

15 Minuten Berühmtheit

Die goldene Mitte

Eine bunte Glasvase

Ein Morgenmensch sein

Nicht alles für bare Münze nehmen

Wissen, dass nicht so heiß gegessen wird, wie es gekocht wird

Abwarten

Nichts überstürzen

Jemandem den Wind aus den Segeln nehmen

»Perfect World« von Gossip

Eine Hürde nehmen

Jasmin

Das Glück herausfordern

Mandeln

Makrofotografie

Das chinesische Neujahr

Sich an den Liebsten kuscheln

Ein alter, verlassener Bahnhof

Ohne Socken in die Schuhe schlüpfen

Kussfester Lippenstift

Etwas restaurieren

Wie alt ist die Seele?

»Ich werde nie aufhören, dich zu lieben«

Ein Mensch, der einen Raum zum Leuchten bringt

Das innere Leuchten

Synonyme benutzen

Die Erfindung von Nylon

Ein Floß bauen

Einen Toast auf das Brautpaar ausbringen

Tretboot fahren

Batterietester

»Nerven wie Drahtseile haben«

Auch dann zusammenhalten, wenn es schwierig wird

Mitgefühl

Geheime Botschaften

Froh sein, dass man nicht mehr zur Schule gehen muss

Geklärte Verhältnisse

Vor dem Essen die Hände waschen

Wenn einer Sache nichts im Wege steht

Auf Nummer sicher gehen

Eine Telefonnummer zugesteckt bekommen

Das Okay bekommen

Die Symbole, die Cartoonzeichner benutzen, um Schimpfwörter zu vermeiden

Jemandem einen Spitznamen geben

Ein Schwur

Die Kombination von Erdbeere und Pfirsich

Wenn ein Kind aufhört zu weinen

Bambus

Ein Sonnenschirm, der Schatten spendet

Turnübungen

Wakeboard fahren

Die selbst gemachte Marmelade in Gläser füllen und beschriften

Vanillepudding

Ein großes Festmahl zubereiten

Am letzten Einkaufstag vor Weihnachten einen Parkplatz vor der Tür des Shoppingcenters finden

Beim Zugfahren einschlafen

Eine Reise nach Hawaii

Salbei

Silber

Götterblumen

Medikamente bekommen, die wirklich helfen

Caipirinha

Nach dem Skifahren in der Sauna schwitzen

Einen guten Krimi lesen

»Es tut mir leid«

Eine Prüfung beim letzten Versuch endlich schaffen

Jemanden haben, der einem zuhört

Bei einer Veranstaltung ständig zum Tanzen aufgefordert werden

Römische Sagen

»Schweigen ist Gold«

Der beste Kumpel

»Glück ist, wenn man sich vor nichts fürchten muss« (Janosch)

Umziehen

Der Schlüsseldienst

Nicht widerstehen können

Eine gute Ausbildung haben

Jemand, der einem den Rücken wäscht

Nach einem operativen Eingriff schmerzfrei sein

Mit sich selbst Frieden schließen

Genau den Verlobungsring bekommen, von dem man immer geträumt hat

Ein Baby so lange wiegen, bis es einschläft

Auf einem Klassentreffen feststellen, dass man es weit gebracht hat

Höflichkeitsrituale

Dolmetschen

Lustige Tiervideos im Internet

Gourmetzeitschriften durchblättern

Urlaub an der Côte d'Azur

Ein romantisches Kleid

Wie wild auf eine Trommel schlagen

Visitenkarten

Gruselige Geräusche

Kalorienarme Produkte

Sich in Gedanken über jemanden lustig machen

Ein schönes Buchcover

Die Meisterprüfung ablegen

Mandarinen

Einen Kopfsprung in den Pool machen

Ein fähiger Architekt

Die Wahl haben

Wasserpfeifen

Theaterkarten für zwei

Ringe mit Zahnpasta reinigen

Sich in der neuen Stadt nicht mehr verirren

Ein Roller

Verlobungspartys

Alles zu teilen

Lachfältchen

Blätter im Sonnenlicht

Eine Weltneuheit

Marmelade ohne Kerne

Bananenbrot

Jemanden vom Flughafen abholen

Kaffee mit Zimt

Pikante Details

Die erste Schulwoche

Die eine Haarsträhne, die einem immer ins Gesicht fällt

Countrymusik

Einen Teppich weben

Bettwäsche mit kleinen Blümchen

Donuts mit Marmeladenfüllung

Ein Milchbärtchen

In einen Krapfen beißen und die Nase voller Zucker haben

Suchmaschinen

Ein Bücherflohmarkt

Ein Tanzstudio

Serotonin

Endorphine

Glückshormone

Jachten mit Weihnachtslichtern

Ein Busch voller Beeren

Fisch

Eine Feldmaus, die über die Wiese saust

Ein Schaufensterbummel

PEZ Süßigkeiten in witzigen Spendern

Den Urlaub verlängern

Der Name Stella

Zum ersten Mal im Frühling wieder mit dem Rad fahren

Hunger um Mitternacht

Einen Artikel schreiben, der veröffentlicht wird

Golden Retrievers

Blindenhunde

Dunkelblau und Hellblau

Wenn eine Sache keinen Haken hat

Die Schweizer Alpen

Die Uniformen von Stewardessen

Sich von der Couch stemmen und joggen gehen

Collagen aus Zeitschriftenbildern

Reife

Ein bisschen kindisch sein

Alte Stummfilme

Chenille

Ein Bowlingabend mit Freunden

Flüssiges Wachs

Kleine Ferkel

Ein Kaschmirpullover

»I gotta feeling« von The Black Eyed Peas

Limbo

Alles, was man nur durch ein Mikroskop erkennen kann

Gorgonzola

Politisch aktiv sein

Edles Geschirr, das für die Spülmaschine geeignet ist

Blondes Haar und blaue Augen

Mit einem Dirt Bike fahren

Die Geschichte der Heimat gut kennen

Frauen mit kurzen Haaren

»Pocketful of sunshine« von Natasha Bedingfield

Eine freche Frisur

Blitzblau

In der Wiese liegen und in den Himmel schauen

Eine Kapuze

Keine Mails bekommen und somit auch keine beantworten müssen

Weltkulturerbe

Leinen

Die Dinge, die man niemals jemandem erzählen würde

Ein Haus, umgeben von blühenden Apfelbäumen

Linguini

Mit dem Lieblingspflegeprodukt verschwenderisch umgehen

Ein Wettrennen gewinnen

Ein Barbecue

Ein Holzkohlegrill

Quarkklößchen auf Obstspiegel

Eine Wolke aus Mehlstaub

Einen unbefristeten Arbeitsvertrag bekommen

Beim Basketballspielen dribbeln

Ein Spitzenkragen

Früchtebrot

Auf dem Bauernmarkt einkaufen

Die Kombination von Käse und Trauben

Karotten-Ingwer-Suppe

Eine Reise nach Marrakesch

Händchen halten im Kino

Ein Kleid kaufen, das eigentlich viel zu teuer ist

Die Katzentür

Casual Friday

Mit einem Hut gut aussehen

Eine Chipstüte öffnen

Austern schlürfen

Nah bei einem See wohnen

»Nur keine Panik«

Parallele Linien

Nass bis auf die Haut sein

So viel gegessen haben, dass man glaubt, gleich zu platzen

Ein Pokerface

Puddingpulver

Selbstgespräche führen

Vor sich hin summen

Auf den Putz hauen

Jungs in rosaroten T-Shirts

Schwarze Raben

Jemandem das Wasser reichen können

»Dance Again« von Jennifer Lopez

Gedenkfeierlichkeiten

In Venedig mit einer Gondola fahren

Alkoholfreies Bier

Jemandem eine Peinlichkeit ersparen

Ein Geschenk für die Mutter aussuchen

Blumen in einer Vase auf dem Küchentisch

Es schaffen, doch noch etwas in den Koffer zu stopfen

Dass sich über Geschmack nicht streiten lässt

Sich beruhigen

Seine Sache gut machen

Stolz auf sein Alter sein

Gemusterte Strümpfe

Psychologie

Den Hochzeitsring über den Verlobungsring stecken

Wenn das Publikum vor Vergnügen johlt

Bei einem Konzert in die Luft springen

Dass immer wieder ein neuer Morgen kommt

Weiße Schokoladenmousse mit Kirschen

Eine Ananas aufschneiden

Nach langer Überlegung einen Kompromiss finden

An Früchten schnuppern

Spiele für unterwegs

Diese Momente, für die es keine Worte gibt

Selbst kreierte Rezepte ins Internet stellen

Aus einer Sackgasse herausfinden

»Im Sattel bleiben«

Sich schnell einen guten Text aus den Fingern saugen

Eine Widmung

Ein schicker Laden

Über die Stränge schlagen

Am Ende eines Gelages noch Käse essen

Ein schmalziges Lied

Reggae

Salz, das weiße Gold

Ein Ausflug in ein Schaubergwerk

Parfümöle

Vollmond

Ein gutes Gedächtnis haben

Genau in der richtigen Entfernung zum Parkticketautomaten zum Stehen kommen

Ein gähnender Hund

Kerzenlicht

Mit dem Rad an einer Bäckerei vorbeifahren und den Duft einatmen

Bei Freunden zu Besuch sein und zum Essen bleiben

Einschlafen, obwohl es laut ist

Möwengeschrei

Ein Spaziergang am Fluss

Sackhüpfen

Auf Stelzen gehen

Der Vor-und-zurück-Tanz von Tennisspielern

In einem Land leben, in dem es niemals schneit

»Frechheit siegt«

Ein bisschen frech sein

Ratatouille

Gazpacho

Den Computer mal nicht einschalten

Rosen, die über einen Zaun wachsen

Ein Pferd satteln

Ein Glas, das umkippt, noch auffangen

Meditieren im Wald

Eine Beachparty

Nichts brauchen

Eine große Muschelschale mit Potpourri

An der Schwelle zu einer Veränderung stehen

Ein Garderobenhaken in Herzform

Keramik

Die gute Seele sein

Etwas kommen sehen

Kommunikation

Auf einem Seil balancieren können

Seite an Seite

Freunde, die man schon seit Jahrzehnten kennt

Alles, das Seltenheitswert besitzt

Sich in Szene setzen

Hanukkah

Kunst studieren

Das eigene Gesicht auf einem Zeitschriftencover

Blues

Muskel anspannen und dann locker lassen

In einer netten kleinen Stadt leben

Die Verlockungen der Großstadt

Trompete spielen

Einen Praktikumsplatz am Theater ergattern

Wenn die Firma Weiterbildungskurse anbietet

Etwas Unangenehmes beenden

Der Ausdruck »Shootingstar«

»Land in Sicht!«

Der Ausdruck »Skandalnudel«

Bücher verschenken

Ein Baum voller reifer Kirschen

Ein Feuerwerk von einem Dach aus sehen

Spritzpistolen

Kalter grüner Tee mit Limonen

Kinder im Partnerlook

Socken mit weichem Gummibund, die keine Abdrücke auf der Haut hinterlassen

Eine Hose mit Leopardenprint

Fotomontagen

Blogs von Eltern für Eltern

Eine Reise nach Warschau

Mit dem Schiff unter einer Brücke durchfahren

Das Musical »Cabaret«

Ein kleines Opfer bringen

Getrocknete Kräuter, mit Garn zusammengebunden

Wenn jemand sagt: »Ihr seht so verliebt aus!«

Sich selbst nicht unter- oder überschätzen

Die anderen anleiten

Kleine Bahnhöfe auf dem Land

Die Romantik des Augenblicks

Vor den anderen aufstehen und schon mal das Frühstück herrichten

Ein Aquarium voller Seepferdchen

Ein Bakkalaureatsabschluss

Den Kopf auf jemandes Schoß betten

Senf und Käse

Dem Ehemann einen Liebesbrief schreiben

Einen Oldtimer fahren

Meteoriten

Einen Spagat machen können

Der Ausdruck »Spendierhosen«

Mit offenen Karten spielen

Jemandem die Freundschaft kündigen, der einen nur ausnutzt

Ein rotes Shirt mit weißen Tupfen

Halblange Röcke

Sandalen mit Wickelbändern

Uhrenketten

Extraweite Hosen

Seine Eltern achten

Jemandem am 1. April einen fiesen Streich spielen

Viele Kinder in der Nachbarschaft

Eine Chance nutzen

Der Ausdruck »Steckenpferd«

»Das steht unter einem guten Stern«

In der Sonne sitzen

Mit Schwimmflossen schwimmen

Meersalz

Ein Kind, das einem beim Wegfahren nachwinkt

Zwischen Weihnachten und Silvester frei haben

Wenn ein Kind ein Gedicht aufsagt

Um Rat gebeten werden

Die eigenen Favoriten im Internetbrowser

Blumen mit dem Namen »Jungfer im Grünen«

Ein klassisches Konzert besuchen und sich sehr erwachsen fühlen

Schnittlauch

Veilchensorbet

Dagobert Duck

»Jemandem Honig ums Maul schmieren«

Eine bestens präparierte Piste

Die Faszination von Vampiren

Von seinen Eltern unterstützt werden

Ein engagierter Nachhilfelehrer

Jemand, der alles für einen tut

»Bitte komm mit mir mit«

»This is the life« von Amy Macdonald

Ein Gedanke, der einem Kraft gibt

Bequeme Unterwäsche

Eine große Schatzkiste als Couchtisch verwenden

Designerstühle

Zusammenziehen

Einen Film in der Originalsprache ansehen

Von einer Sprache in die andere übersetzen können

Eine beeindruckende Lebensgeschichte lesen, die einen inspiriert

Cowboyhüte

Sanftmut

Spontan zusagen

Eine Reise nach Istanbul

An jemanden glauben

Fleiß

Ein Quiz in der Kneipe

Erdnussbutter

Filmszenen, an die man sich spontan erinnert

Die Werke von Michelangelo

Bundesligaspiele

Rosenseife

Eine Reise mit der Transsibirischen Eisenbahn

Sich beim Karaoke auf die Bühne wagen

Deospray

Ganz bei der Sache sein

So tun, als hätte man das, was der Freund erzählt, nicht schon dreimal gehört

Der Beginn

Hallenturnschuhe

Der erste Tag in der neuen Arbeit

Dinkelmehl

Im Winter heiraten

Dass man später darüber lachen kann

Ein Auto mit Sonderausstattung

Alles selbst bezahlen können

Der Laternenumzug der Kinder

Im Urlaub am Strand Pizza essen

Dass einen das Flugzeug so schnell ans Ziel bringt

Vor Freude laut schreien

Pfirsichmousse

Gegrillte Zucchini

Um eine Erläuterung bitten

In einer SMS die Wörter abkürzen

Der Traum von kleinen Mädchen, die Prinzessinnen sein möchten

Die Unbeschwertheit des Sommers

Schlagfertige Antworten geben

Abends duschen, um morgens länger im Bett bleiben zu können

Einen Pessimisten überzeugen

Die Actionfiguren aus der Kindheit aufbewahren

Den Kindern erzählen, womit man früher selbst gespielt hat

Ein Ass im Ärmel haben

Rotwein

Wenn man sich auf jemanden verlassen kann

Etwas essen, von dem man weiß, dass es viele Vitamine enthält

Das Handy ausschalten

Aktionen zum Schutz des Regenwalds

Winzige Glasvasen für kleine Wiesenblumen

»Mumm in den Knochen haben«

An Stärke gewinnen

Etwas nicht so tragisch nehmen

Sich gegenseitig wärmen

Als Grafiker Buchcover entwerfen

Faschingskrapfen

Durch die Einkaufsstraße gehen, wenn alle Läden schon geschlossen sind

Die Geschichte vom Sterntaler

Unter Hochspannung stehen

Nach dem Arbeitstag beim Sport abschalten

»Schlafen wie ein Stein«

Ein hilfreiches Mittel gegen Cellulitis

Eine Moorpackung

Etwas zur Diskussion stellen

Wenn das Haustier stubenrein wird

Anschluss finden

Etwas ins rechte Licht rücken

Die Oper »Tristan und Isolde«

Von einem Zauberer auf die Bühne geholt werden

Toilettenspray

Sangria

Sich nicht ruhig halten können

Bei einem Song einfach irgendetwas singen, wenn man den Text nicht kennt

Als Grundschullehrer arbeiten

Neue Küchenutensilien

Eine Schaukel an einem dicken Ast

Mit den Skiern durch einen stillen Wald fahren

Ein Shirt zusammenknoten, sodass der Bauch freiliegt

Für die Rente sparen

Sich nach einem Erste-Hilfe-Kurs sicherer fühlen

Gebackene Kartoffellocken

Nebel, der vom Wasser aufsteigt

Gurgeln

Dass Menschen, die ein Haustier haben, glücklicher und gesünder sind

Vierbeiner

Konflikten nicht ausweichen

Ein Brunnen mit Musik

Zu einem Team gehören

Kollegialität

Pullover mit V-Ausschnitt

Hilfreiche Hinweise

Skylines

Ein chinesisches Restaurant mit Lieferservice

Ein Swimmingpool am frühen Morgen

Dass Algen so nützlich sind

Gebratene Pilze

Happy Hippos

Ein Silbertablett

Tag der offenen Tür

»Zur Feier des Tages«

Sonne tanken

Ein Tante-Emma-Laden

Der Ausdruck »Tête-à-Tête«

Lebensfreude

Dass Blumen die Stimmung heben

In der Kinderbetreuung arbeiten

Zufrieden mit seinem Job sein

Zielstrebigkeit

Seelsorge

Kontakt mit anderen Menschen

Großzügig sein

Sich dazu durchringen, dem Partner zu verzeihen

Einen Schritt auf jemanden zumachen

Wenn es schmeckt

Moschus

Die Suche nach dem Sinn des Lebens

Die Überraschungen, die jeder einzelne Tag bietet

Die Besonderheiten des Daseins

Eine starke soziale Struktur

Aminosäuren

Sauermilch

Zink zur Stärkung des Immunsystems

Studentenfutter

Langfristig planen

In eine Decke eingewickelt sein

Ein Haargummi als Lesezeichen verwenden

Serviettentechnik

Chili con Carne

Morgens aufstehen und sehen, dass es geschneit hat

Die Geheimzutat

Freihändig Fahrrad fahren

Entscheidungen treffen, die nicht rückgängig zu machen sind

Alle Zelte abbrechen

Outlet Stores

Eine warme Fleecejacke

Allen nur das Beste wünschen

Sich etwas Abenteuerliches für den Kindergeburtstag ausdenken

Eine Schnitzeljagd

Sich mit dem Fortbildungsangebot beschäftigen

Das Abitur nachholen

Eine Geburtstagskarte aus Stoff

Der erste Frost

Sich die Hände am T-Shirt abtrocknen

Naturfotos

Bücher signieren

Der erste Auftritt als Sänger

Der Orientexpress

Shortcake

Hupen

Brownies mit Pekannüssen

Ein Kuchen namens Donauwelle

Tee in Eiswürfelform einfrieren

Lernen, wie man Austern öffnet

Eine Torte aufwendig dekorieren

Einen Freund haben, der ein Segelboot besitzt

Eine heiße Romanze

Weiße Kleidung, wenn man sonnengebräunt ist

Staunend vor einem Wasserfall stehen

Ein Spaziergang nach dem Abendessen

Eine unerwartete angenehme Berührung

Ausreichend trinken

Schokolade mit Joghurt

Rauchfreie Restaurants

Kuchen zum Frühstück

Eine faszinierende Person kennenlernen

Glockenläuten

Buttermilch

Eine wichtige Ankündigung machen

Ein Kuss unter der Seufzerbrücke

Das Handy auf »lautlos« stellen

Holzbrücken

Nichts zu einer Konversation beitragen müssen

Ein sprechender Papagei

Die lange Nacht der Kirchen

Eine Küchenreibe

Widerstandsfähigkeit

Das Buch, das einem immer im Gedächtnis bleiben wird

Boulevards

Brot backen

Das perfekte Steak

Nicht gegen den Schlaf ankämpfen können

Muffinformen

Glasbehälter

Lustige Sticker

Briefpapier im Hotel

Eine in Sonnenlicht getauchte Landschaft

Wenn sich im Winter die Natur zur Ruhe legt

Einen Dokumentarfilm drehen

Ein Wet-T-Shirt-Contest

Eine Geschenkbox in Schmetterlingsform

Sale im Schuhladen

Blumen in einem leeren Senfglas

Ketchup selbst machen

Sich immer noch an die Gedichte erinnern können, die man als Kind auswendig gelernt hat

Glühwürmchen

Eine ruhige Woche

Die berühmte Aufnahme, in der Elvis nicht aufhören kann zu lachen

Für den Laufsteg gebucht werden

Zur Kommunion gehen

Olivenöl aus Griechenland

Der 40. Geburtstag

Jeden Tag einen Liegestütz mehr machen

»Wie war dein Tag?«

Über das Internet in Kontakt bleiben

Bedeutsame archäologische Funde

Sodawasser mit Zitrone

Waffeltüten in Schokolade tunken

Österreichische Mozartkugeln

Leinenservietten

Der Ausdruck »Teufelskerl«

Eine Landpartie

Selbst entscheiden, ob man schön ist

Ein Treffen absagen, wenn man nicht hingehen will

Im Scheitern eine Chance sehen

Intuition

In gute Erfahrungen investieren statt in materielle Dinge

Einen Tangokurs machen

Sich eine Putzhilfe leisten

Nicht selbst putzen müssen

Ein Job als Museumswärter

Dopamin

Das Szeneviertel

An den Stadtrand ziehen

Ein flacher Bauch

Dass ein 20-minütiges Work-out die Stimmung verbessert

Für den Partner etwas Besonderes planen

Treue

Erwachsenenbildung

Sich nicht mit anderen vergleichen

Die Kochbücher durchstöbern auf der Suche nach einem neuen Gericht

Eichenholz

Hohe Räume

Stuck

Alles, was hausgemacht ist

Endlich mal den Kühlschrank abtauen

Fudge

Solarenergie

Gebackene Bananen

Den perfekten Weihnachtsbaum auswählen

Dinner für zwei

Naturbelassene Strände

Selbstbräunungsspray

Jemanden auf dem besseren Platz sitzen lassen

»Du siehst bezaubernd aus«

Nicht nur von sich selbst reden

Ein Sonnenhut

Mit einem Segelboot fahren

Einen Krebs am Strand beobachten

Chocolate Chip Cookies aus dem Urlaub in England mitbringen

Wenn ein Kind sich zum ersten Mal hochzieht und alleine steht

Ein Weihnachtsgeschenk auspacken

Sich ins Bett kuscheln und zudecken

Nach dem Winter zum ersten Mal mit den Kindern wieder auf den Spielplatz gehen

Eine Reise nach Frankreich

Schlechte Laune haben und zum Lachen gebracht werden

Vom Snowboarden wieder aufs Skifahren umsteigen

Die Hoffnung nicht aufgeben

Ein Porzellanteint

Die erste eigene Wohnung

Baumanagement studieren

Modezeitschriften durchblättern

Ein Gewürzbasar

Jemanden bestärken

Rückendeckung haben

»Du bedeutest mir viel«

Gesalzene Erdnüsse

Wenn im Freundeskreis aus einem Film zitiert wird, den alle kennen

Urlaub in einem Luxusressort

Leonardo da Vinci

Champions-League-Spiele

Die Zeit des Biedermeier

Sich am Heizkörper die Hände wärmen

Kleine Seifenstückchen neben dem Toilettenwaschbecken

Mit den Geschwistern über früher reden

Der Ausdruck »Faulpelz«

Geduld

Nicht akzeptieren, dass man etwas angeblich nicht verbessern kann

Nonverbale Signale

Ein Karaoke-Abend mit Freunden

Restaurants mit Kinderstühlen und Wickeltischen

»That I would be good« von Alanis Morissette

Einfach loslegen

Bei einer Promiparty kellnern und pikante Details aufschnappen

»Das Dschungelbuch«

Die Karten auf den Tisch legen

Pfannkuchensuppe

Computerspiele

Sich etwas noch einmal genau erklären lassen

Den Pessimismus ablegen

In einem blühenden Kirschbaum sitzen

»I feel good« von James Brown

Den ersten Satz des eigenen Romans schreiben

Tipps von einem Sommelier

Einen Modelwettbewerb gewinnen

Jemandem sein Wort geben

An die Wasseroberfläche kommen und tief einatmen

Vitamine

Der Ausdruck »Sause«

Orangen ohne Kerne

Ein Kleiderflohmarkt

Dem anderen das Gefühl geben, dass man sich für ihn interessiert

Wenn er die Rechnung zahlt

Mit Blicken ausgezogen werden

Vom Garagendach in den Swimmingpool springen

Wenn er schon am nächsten Morgen anruft

Jemanden anfeuern

»Du bist nicht zu dick, sondern wunderschön«

Einen Fisch mit bloßen Händen fangen

Dass Liebe geduldig ist

Ein Gesicht ohne Make-up

Salat mit Erdbeerdressing

Cracker

Gurkensandwiches

Eine Heizdecke

Eine Skaterbahn

Ein Geschäftsessen

Einen Obsttag einlegen

Eine Sitzplatzreservierung

Sich auf die eigenen Errungenschaften konzentrieren

Etwas Sonnengelbes im Büro haben

Mit den Füßen im Takt wippen

Mal auf der anderen Seite des Betts schlafen

Eine Liebe, die hält

Einem Schokoladenosterhasen den Kopf abbeißen

Die neue Nachbarschaft erkunden

Kuhglocken

Ein Buch mit in die Badewanne nehmen

Buttermilchkekse

Ein Survival-Kit für jemanden, der erkältet ist, mit Zeitschriften, Tee und Taschentüchern

Das richtige Wort zur richtigen Zeit

Dicke Brotscheiben mit Aufstrich

Ein Couchtisch mit Rollen

Allein übers Wochenende verreisen

French Manicure

Schlecht gelaunt sein und plötzlich einen Song hören, der einen lächeln macht

Nach Bedeutungsvollem streben

Die Farbe Taupe

Wissen, was man ändern kann und was nicht

Essen nicht hinunterschlingen, sondern genießen

Geschmolzene Butter

Altkluge Kinder

Knusprige Bruschetta mit Tomaten und Basilikum

Ein Designstudium

Rhetorik

Ein Trendsetter sein

Einen Neukunden gewinnen

Caesar Salad

Dehnbare Stretchstoffe

Sich aneinander festhalten

Bei Schlechtwetter einfach die Vorhänge wieder schließen

Azaleen

Ein großer Schlüsselbund mit vielen Anhängern

Jemand Berühmtes sehen

Hell erleuchtete Räume

Tomatensuppe mit einem Häubchen Sahne

Am Nachmittag ins Kino gehen

Realismus

Eine schnurrende Katze

Das Lieblingsoutfit

Ein schönes Essig-und-Öl-Set aus Glas

Die Kaffeemaschine einschalten

Altmodische Teewagen

Pie

Arm in Arm

Sportfischen

Ein Hund, der kleine Kunststücke kann

Andere nicht verurteilen

Ein Haus am Meer kaufen

Sich selbst etwas schenken

Alles, was flambiert wird

Eine köstliche Käseplatte mit Trauben und Chutneys

Eine mehrstöckige Hochzeitstorte

Cremiger Käse

Schinkenröllchen

Schichtsalat mit Mayonnaise

Eins

Wenn jemand etwas repariert, ohne dass man ihn darum bitten muss

Samstagabend

Zur See fahren

Erdbeeren, Bananen, Orangen und Kekse in Schokoladenfondue tauchen

Eine Jukebox

Immer zuerst fragen

Eine Party, auf der alle elegant gekleidet sind

Bambusstühle

Charakterfeste Menschen

Die Familie schätzen

Pures Vergnügen

Tiefer gehende Beziehungen

Sich die positive Einstellung zur Gewohnheit machen

Die Wirkung der eigenen Bemühungen sehen

Regelmäßig an die frische Luft gehen

Effizient arbeiten

Alles, was man nicht braucht, verschenken

Mit anderen deren Erfolge feiern

Die Gelegenheit nutzen

Einen Trockner haben

Frisch gewaschene Handtücher

Eine feine Pinzette

Einen Zungenbrecher schnell und fehlerfrei aufsagen können

Ein Solebad

Wattestäbchen

Das Lieblingskuscheltier aus der Kindheit

Bequeme Schwangerschaftshosen

Viel Post bekommen

Weit gereiste Briefe

Spanische Musik

Wenn blaue Flecken verschwinden

Poesie lesen vor dem Schlafengehen

Der Lieblingsdichter

Der Intellekt

Einem Fremden ein Kompliment machen

In einem Männershirt schlafen

Erste-Hilfe-Koffer

Das Lächeln eines Kellners

Zitronensaft

Tulpenförmige Schüsseln

Ein Picknick auf dem Wohnzimmerboden

Der Glaube, dass die ersten zwölf Tage nach Weihnachten zeigen, wie die zwölf Monate des Jahres sein werden

Lamm in Aprikosensoße

Ergonomisch korrekte Stühle

»Kein Problem!«

Sich vollständig erholen

Punschkrapfen mit pinkfarbener Zuckerglasur

Eine bunte Laptoptasche

Ein Gästezimmer einrichten

Kissen im Flugzeug

Quality time

Sich mit den Zehen im Bett berühren

Eine Zeitung im Zug finden

Im Flugzeug etwas zu essen bekommen

Diktiergeräte

Ein Hawaiihemd

Zu Hause anrufen

Den Anfang des Klebebands finden

Kuchen von Papptellern essen

Klugheit

Mit Make-up experimentieren und mit dem Resultat zufrieden sein

Das neue Auto aussuchen

Die Haare über Kopf föhnen

Wenn die Kinder zugeben, dass die Eltern recht haben

Auf etwas Besonderes hinsparen

Aufhören zu rauchen und das Geld, das man für Zigaretten ausgegeben hätte, in eine Spardose stecken

Bunte Becher für Kinder

Digitaluhren

Der Bass

Parmesan

Chinesisches Seidenpapier

Ein Loft

Ein After-Work-Clubbing

Französische Spitze

Klöppeln

Eine Reise nach Prag

Karten ganz schnell mischen können

Rohe Karotten, Gurken und Tomaten mit Sauerrahmdip

Gesichtspuder

Ein Halsband mit Adresse und Telefonnummer für das Haustier

Bilderbücher

Ein Wassertaxi

Mitglied im Gemeinderat sein

Die halbe Nacht mit Lesen verbringen

Zappen

Türkischer Kaffee

Saftige Früchte

Ein Eisbecher mit Sahne und frischen Früchten

Hühnchen mit Zitronenmarinade

Eine ruhige Autofahrt ohne Musik oder Gespräche

Weiße Elefanten

Ein Dresscode

Ein Samstagmorgen mit Kindercartoons

Fröhliche Kinder

Wenn einem jemand eine freundliche Nachricht auf der Windschutzscheibe hinterlässt

Bananeneis

So viel Spaghetti essen, dass man sich nicht mehr bewegen kann

Der Geruch von frischer Erde

Die Explosion von Raketen

Fleischige Tomaten

Safran

Hausgemachter Pastateig

Jemandem das Schachspielen beibringen

Ein Spaziergang mit einem Freund

Ein Milchshake mit Minze

Dass zwölf Bienen einen Teelöffel Honig produzieren

Gutmenschen

Wenn der Computermonitor genau die richtige Größe und Höhe hat

Einen Roman vollenden

Eine Kurzgeschichte veröffentlichen

Die praktische Erfindung von Lichtschaltern

»Glück ist nicht zu haben, was man will, sondern zu wollen, was man hat«

Im Zickzack laufen

Ein großer Topf Honig

Wenn die Eisdiele ihre Pforten öffnet

Das Sahnehäubchen

Straßenhockey

Regenwürmer von der Straße retten

Wenn eine weiße Hose am Ende des Tages immer noch sauber ist

Schlafmasken

Eine Tagescreme und eine Nachtcreme

Ein asiatischer Fächer

Wenn es im Sommer nachts abkühlt

Die Farbe Apricot

Im Winter Kirschen aus der Dose essen

Ein Café, in dem es nur Pfannkuchen in allen Variationen gibt

Hygiene

Kirschtomaten

Die Möglichkeit haben zu studieren

Es zu schätzen wissen, dass man eine Ausbildung machen kann

Den Partner nicht für selbstverständlich halten

Ein Kingsize-Bett

Ein Sparkonto eröffnen

Mit der besten Freundin gemeinsam ein Magazin lesen

Einen Schneemann bauen

Ein Schlittenrennen

Die erste Rolle als Schauspieler bekommen

»Sweetheart«

Lebenslust

Grasflecken, die an einen lustigen Nachmittag im Garten erinnern

Immer genügend Briefmarken zu Hause haben

Kleine Schuhe für Haustiere

Ein Herzanhänger aus Marmor

Der perfekte Schnee für Schneebälle

Keine Angst vor der Zukunft haben

Die Kombination von Apfel und Zimt

Dass es in Texas einen Ort namens »Noodle« gibt

Partydekoration

Der eigene Spitzname

Der Nickname, den man im Internet verwendet

Einen YouTube-Channel haben

Ein V-Log führen

Liebe machen

Die Anprobe des Hochzeitskleids

Jemanden in der Schlange vorlassen

Warme Wollsocken für den Winter stricken

Einen Pullover in der Lieblingsfarbe stricken

Eine riesengroße Auswahl an Desserts

Wenn einem alles leichtfällt

Kürbisgnocchi

Sich nicht zu viel erwarten

Bratäpfel aus dem Kachelofen

Heiße Vanillesoße

Wahre Werte

Die Zutaten für den Kuchen abwiegen

Reisebücher lesen

Zeit als Luxusgut betrachten

Bronze

E-Cards verschicken

Muskulöse Arme

Buttons mit Smileys

Jemanden aufmuntern

Auf dem Ende des Kugelschreibers herumkauen

Eine Deadline einhalten

Sich die Zeitung teilen

Mit dem Flugzeug durch die Nacht gleiten

Getreide

Einen neuen Tanz lernen

Figuren aus Papier ausschneiden

Einen Platz als Trainee bekommen

Ein charmanter Mann

Ideen, wie man Platz sparen könnte

In der Fastenzeit keinen Alkohol trinken

Im Schatten liegen

Die Kraft der Sonne

In einem Turnverein sein

Die Stimmung vor einem Gewitter

Ein Bild vom Meer ins Wohnzimmer hängen

Erdbeerkuchen

Wenn das Essen so gut war, dass man den Teller abschlecken möchte

Ein Baby, das zum ersten Mal »Mama« sagt

Dezember

Mars-Eis

Am Weihnachtsabend den anderen zusehen, wie sie die Geschenke auspacken und sich freuen

Ins Bett gehen und sofort einschlafen

Durch einen blühenden Park radeln

Wenn ein entgegenkommender Autofahrer aufblendet, um vor der Polizei zu warnen

Schattenfiguren

Schokolade als Heilmittel gegen Kummer

Aus Fehlern lernen

Ein geheimer Wunsch

Kerzen im Schnee

Die Romantik von Winternächten

Ein »Geöffnet«-Schild

Heiße Heidelbeersoße

Ein Mietauto am Flughafen abholen

Sich an den Tag erinnern, an dem man seinen besten Freund kennenlernte

Abends die Vorhänge zumachen

Sämige, goldene Kartoffelsuppe mit Curry

Wenn der Wind sich dreht

Doch noch Glück haben

Ein Kokon

Wenn das Schlimmste nicht eintritt

Die Oktobersonne

Den Platz frei machen

Sich mit anderen Familien im Freibad treffen

Miniaturglöckchen

Den Vorratskeller füllen

Auf einem Schiff dinieren

Knoblauch

Robin Hood

Der Mädchenname der Mutter

Münzen in der Waschmaschine finden

Rosinenbrot

Babyrobben

Ein Siegelring

Pflaumenmus

Der Mann im Mond

Eine Etagere

Beim Kochen kosten

Ein Gericht abschmecken

Simples Essig-und-Öl-Dressing

Tomaten mit Mozzarella

Lilien mit langen Stängeln

Die Opulenz des 19. Jahrhunderts

Gut organisiert sein

Fruchtjoghurt

Der Menschenmenge folgen

Aprikosenmousse

Dass Zahnspangen heutzutage durchsichtig sind

Große Freude und kleine Freuden

Familienpackungen

Die Kanten der Skier schleifen lassen

Ein Geheimnis für sich behalten

Durch Meerwasser waten

Den Verlobungsring herzeigen

»In der Kürze liegt die Würze«

Ein Rosenstrauß in weißem Papier mit einem roten Stoffband

Selbstporträts

Das Wandern für sich entdecken

Im Schnee draußen grillen und drinnen essen

Etwas sautieren

Einen Fünferpack T-Shirts kaufen

Stretchhosen

Dass Pflanzen immer dem Licht entgegenwachsen

Ein schöner Ledergürtel

Die Vorstellung, dass man früher Telegramme verschickte

Flamenco

»Von Luft und Liebe leben«

Sich die Gesichter der Leute ansehen, die aus dem Kino kommen

Runde Tabletts

Ein weiches Ei zerschneiden und aufs Butterbrot legen

Süße Mandarinenstücke aus der Dose

Die Schwerkraft

Die perfekte Rasur

Einfache Fragen

Eine Kühltasche, um Getränke mit an den See zu nehmen

Antike Violinen

Glitzerndes Eis

Muskulöse Männer

Cranberry-Orangen-Muffins

Freundlicher sein, als nötig wäre

Dass es vielleicht Leben auf dem Mars gibt

Jedes Jahr denselben Sommerjob machen

Wenn bei einer Pro-und-Kontra-Liste die Pros überwiegen

Sich nach einer Trennung besser fühlen

Wertschätzung

Wenn eine Blondine einen Blondinenwitz erzählt

Die Stimme von Pumuckl

Jemandem einen Gefallen tun

Eine Tuschezeichnung anfertigen

Eine Saisonkarte für ein Skigebiet

Eine gute Diagnose bekommen

Seinen Namen auf ein Kleidungsstück sticken

Wenn Kleinkinder sich an der Hand halten

»Vorbeugen ist besser als heilen«

Dinge, die jahrzehntelang halten

Passionsblumen

Einen Liebesbrief mit Parfum einsprühen

Die Farbe einer Brotkruste

Im Winter ins Hallenbad gehen

Blutorangensaft

Eheberatung

Bei Twitter viele Follower haben

Dankbar sein, dass man in einem freien Land lebt

Einen klaren Kopf bewahren

Den Bauch nicht einziehen

Ein Indoor-Pool

Zwei verschiedene Desserts bestellen und beim jeweils anderen kosten

Ein Pferd streicheln

Das Ziel ganz allein erreicht haben

Etwas in den Sand schreiben

Dass alle Flüsse ins Meer fließen

Angorahasen

Schöne alte Holzschnitzereien

Spielzeugsoldaten

»Je älter man wird, desto mehr braucht man einen Weißt-du-noch-Freund«

Tapeten selbst designen

Fototapeten

Eine einzelne wunderschöne Rose

Getrocknete Ananasstücke

Eiswürfel auf der Haut

Die Verheißungen des Sommers

Ein sexy Pullover

Ein Abendspaziergang

Die letzten Handgriffe, bevor etwas fertig ist

Der letzte Pinselstrich

Anregungen zum Glücklichsein

Viele kleine Zöpfchen

Tropische Früchte

Wenn die Kinder gern lesen

Redensarten

Italienischer Prosciutto

Erbsen

Eine Rückzugsmöglichkeit

Ein Boot chartern

Die Ketchupflasche aufschrauben, um den Rest herauszubekommen

Baumwollbettwäsche

Rote Ziegelwände

Honigmelone

Kirsch-Vanille-Fudge

Schwedische Kekse

Das Prinzip von Sandwiches

Kleine runde Kerzen

Sich gegenseitig vorlesen

Kochen und nebenbei fernsehen

Die Balance halten

Mit Gummistiefeln über die nassen Felder gehen

Einen Tag ohne Uhr verbringen

An einem lauen Sommerabend mit einem Glas Wein am Fluss sitzen

Die vielen Düfte auf dem Markt wahrnehmen

Im Gastgarten sitzen

Glücksmomente sammeln

Wieder aufstehen

Eislaufen um Mitternacht

Hollywood

Weihnachtsbeleuchtung

Sich selbst entdecken

Das Heu einholen

Ein Katzenbaby mit der Flasche füttern

Sich abschminken

Fischbällchen

Ein Freigeist sein

Auf einer Matratze auf dem Boden schlafen

Im vierten Stock ohne Aufzug wohnen und täglich etwas für die Gesundheit tun

Einen Fanbrief schreiben

Ein geheimes Treffen in einem Hotel

Ein Kamm aus Holz

Den Menschen mit Offenheit begegnen

Spätabends noch SMS bekommen

Genug Zeit haben, um alles zu erledigen

Britischer Humor

Winzige Handschuhe für Babys

Die Chinesische Mauer sehen

Eine Kindergeburtstagsparty im Spieleland

Eine Skulptur im Garten

Ein Outdoor-Museum

Eine Essenslieferung bei einem Schneesturm

Essen auf Rädern

Für einen alten Menschen einkaufen gehen

Ein Diadem

Pompoms

Gefüllte Paprika

Zum ersten Mal spüren, dass der Herbst kommt

Geduldig warten

Eine Wasserschale mit Blütenblättern

Ein Rosenbad

Wagyu Beef, das angeblich beste Fleisch der Welt

Kartoffeln mit geschmolzener Butter

In den besten Boutiquen einkaufen

Wie sich Satin anfühlt

Asiatische Traditionen, die seit Jahrtausenden bestehen

Eine Newskonferenz

Scherzanrufe

Ein Nebelhorn

Teppichreiniger

Ein Duell gewinnen

Einen Artikel auf Wikipedia verfassen

Im Stau in der Spur fahren, in der es schneller geht

Der treue Blick eines Hundes

Gezippte Dateien verschicken

Opernhäuser

Den Tisch fürs Kaffeekränzchen decken

Urlaub am Meer

In der Fastenzeit bewusst auf etwas verzichten

Sonnengewärmter Asphalt

Caprihosen

Weihnachtslieder singen

Noch bis in die Nacht hinein lesen

Schattentheater

Rumtopf mit Pflaumen selbst machen

Ein Auto mieten

Glück im Spiel

Ein Restaurantschiff

Knoblauchspaghetti

Die Seltenheit von Edelweiß

Der Spruch »Aufgeben darf man nur einen Brief«

Nach einem ganzen Tag auf den Skiern in eine gemütliche Hütte einkehren

»It's alright« von Bob Marley

Das erste Mal im Advent »Last Christmas« hören

Selbst gemachte Sachen in einem Laden verkaufen

Eine Strickjacke

Jura studieren

Türkisches Essen

Claude Monet

Freikarten für ein Fußballspiel haben

Jemanden verstehen, obwohl er gar nichts sagt

Blätterteig

Etwas Gesundes essen

Auf die Taschenbuchausgabe eines Buchs warten

Einfach mal nicht erreichbar sein

Geld für eine Reise umtauschen

Das erste Puzzle für ein Kind

»Count on me« von Bruno Mars

Bambusmöbel

Alt genug sein, um wählen zu können

Rituelle Friedenspfeifen

Ein Straßenmarkt

Fischstäbchen mit Kartoffelpüree

Der Name Heidi

Muscheln sammeln

Etwas kaufen, auf das man lange gespart hat

Sich nur mit einem Leintuch zudecken

Eine Pizza aus dem Holzofen

Dass Ingwer gegen Übelkeit hilft

Bei der ersten Gelegenheit das neue Kleid anziehen

»Sitzt wie angegossen«

Der Ausdruck »Pfiffikus«

Neugierige Spatzen

Jemanden nicht auf einen Fehler hinweisen

Nicht in Panik ausbrechen

Ein Geschenk für den Vater kaufen

Dass Geschmäcker verschieden sind

Seine Falten nicht verbergen wollen

Für die Oma einen Kuchen backen

Kompetenz

Die Erfindung von Herzschrittmachern

Minimalinvasive Operationen

Einen Junggesellenabschied organisieren

Der Junggesellinnenabschied der besten Freundin

Eine Tüte Popcorn teilen

Wenn jemand erzählt, was ihn glücklich macht

Hauchdünnes Papier

Vorschläge für einen romantischen Abend

Neue Sportschuhe

Offen für neue Begegnungen sein

Sich nicht kränken lassen

Die Dualität der Dinge

Akzeptieren, dass es schlechte Tage gibt

Dass alles eine Frage der Perspektive ist

Frust abbauen

»Wenn das Leben dir Zitronen gibt, mach Limonade draus«

Kuchen backen und alle Freunde einladen

Dass man über das Internet alles in Sekundenschnelle teilen und verbreiten kann

Ein innovatives Konzept

Klangwelten

Einen Preis verliehen bekommen

Nur 20 Stunden pro Woche arbeiten

Jeden Tag lesen

Ein 200 Jahre altes Haus

Sahne im Kaffee

Schwarze Strapse

Zwiebeln karamellisieren

»Wie aus einer anderen Welt«

Allen Freunden eine Dose selbst gemachter Weihnachtskekse schenken

Musik mit leeren Flaschen machen

Eine »Was ich mir wünsche«-Liste erstellen

Im Fernsehen auftreten

Die Erinnerung an Telefonzellen

Moderne Kunst

Drei Museen hintereinander besuchen

Schwarzlicht

Eine Rede vor dem Spiegel üben

Hart trainieren und sich den Erfolg verdienen

Einen Part in einem Musical bekommen

Das letzte Schuljahr

Die Kreditkarte glühen lassen

Sich unter der Dusche die Zähne putzen

Karibische Nächte

Wenn die normalen Shirts in der Schwangerschaft noch lange passen

In Ruhe gelassen werden

Alles, was das Leben bereichert

Nachdenken

Eine Kuschelhöhle

Dass das, was glücklich macht, nichts kostet

Brathähnchen mit Kartoffelsalat

Jemand, der immer gut riecht

Die Erinnerung, dass man früher Briefpapier besaß

Freundliche neue Kollegen

Gut zu Hause ankommen

Geschmolzene Schokolade

Ein Lachen, das alle verbindet

Ein schönes Zitat an die Wand malen

Tantra

Krokusse

Mit wachen Sinnen durch die Welt gehen

Etwas Kompliziertes endlich verstehen

Eine Rutsche hinuntersausen

Sich im Sommer die Haare kurz schneiden lassen

Rebellion

Eine Mango

Sich näherkommen

Ein privater Badestrand

Einen Film gleich am ersten Tag im Kino sehen

DVDs ausleihen

Filme

»Fertig!«

Enten im Park füttern

Porzellan mit blau-weißem Muster

Sport als Antidepressivum

Lauftraining als Meditation sehen

Dem Glück in die Arme laufen

Klavierunterricht nehmen

Einen Kunstkurs besuchen

Ein kompetenter Berater

Sonnentage

Ganz frühmorgens im Meer schwimmen

Glück in der Liebe

Jemandem einen Platz frei halten

Knoblauchbrot

Vor dem Waschen die Taschen der Hosen kontrollieren

Kleine Mozzarellakugeln

Den Ehering mit Stolz tragen

Ein Regenschauer, der das Auto sauber wäscht

Porzellanblümchen

Lachende Kinder

»Das Kriegsbeil begraben«

Komfortable Gondelbahnen beim Skifahren

»Strawberry Swing« von Coldplay

Gratis-Schnupperstunden

Etwas einsehen

Nicht lange grübeln

Ein Lächeln verschenken

Ein sicheres Auftreten

Singen für die Seele

Hemmungen abbauen

Das Abwehrsystem stärken

Sich bei einer Quizshow bewerben

Eine Tauschparty veranstalten

Abenteuerlust

Sich selbst akzeptieren

Die Welt im Kleinen besser machen

Dass man zum Wandern keine trendige Ausrüstung braucht

Achtsamkeit

Das Gefühl der Verbundenheit

Soziale Intelligenz

Selbstlos handeln

Didgeridoo spielen lernen

Eine Sightseeingtour in der eigenen Stadt

Im Hintergrund die Fäden ziehen

Ballast abwerfen

Eine alte Aktentasche aus Leder

Eine Europareise

Geliebt werden

Das Glück nicht mit dem Kopf, sondern mit dem Herzen erkennen

Die eigene spezielle Begabung

Die Kontrolle behalten

»Wenn, dann«-Fantasien vermeiden, lieber handeln

Inlineskating

Das Bett um 90 Grad drehen

Sich erlauben, glücklich zu sein

»Alles Gute!«

Ausgelassenheit

Als Model für ein Fotoshooting gebucht werden

Die alte ausgeleierte Hose für zu Hause

Trüffelschweine

Verliebt sein und mit einem Dauergrinsen herumlaufen

Einen Lachanfall bekommen

Einen Anruf von jemandem erhalten, den man selbst gerade anrufen wollte

Etwas ausleihen können und nicht kaufen müssen

Für einen Blog interviewt werden

Anmut

Schlauheit

Ein neuer Anstrich für den Kleiderschrank

Dinge, die nur dazu dienen, das zu Hause zu verschönern

»Die Wogen glätten«

Raffinesse

Sein Geld gut anlegen

Weitsicht

Farbe ins Leben bringen

Wenn der Handyakku gerade noch für den letzten Anruf reicht

Ein Streichkonzert

»Im Handumdrehen«

Vernunft

Alles, was bunt ist

Seine Kreativität ausleben

Ein Tapetenwechsel

Den Überblick behalten

Geschäftstüchtigkeit

Pastinaken

Die besten Kochrezepte in einem Ordner sammeln

Frittata

Wodkasoße

Nudel-Zucchini-Salat

»Mensch ärgere dich nicht« spielen

Sich einen Sixpack antrainieren

Glücksbringer

Mohntorte

Ein virtuelles Kochbuch im Internet erstellen

Ein altes Telefonbuch

Das persönliche Adressbuch

Spargelmousse

Gänseblümchenkäse

Dass das Glück in der Wirklichkeit die Fantasie übertrifft

Die Wunder im Alltäglichen

Sich reich beschenkt fühlen

Ruhe in sich tragen

Dass man, wenn man glücklich sein will, nur damit anfangen muss

Sonne im Herzen

Frischen Wind ins Leben bringen

Roastbeef

Als Stylist arbeiten

Nicht zurücksehen, sondern nur nach vorne

Nougatknödel

Tofu

Ein veganes Restaurant

Kokosraspeln

Dass es Kinderhotels gibt

Butter

Das Klicken des Fotoapparats

Hühnerspieße in Erdnusssoße

Kurkuma

Die Augen schließen und das Gesicht direkt in die Sonne halten

Arm in Arm auf einer Parkbank sitzen

Ein riesengroßer Wasserball

Rote High Heels

Eine grasgrüne Handtasche

»Das ist das Beste, was mir je passiert ist«

Ein Twinset

Goldschmuck

Eine pinke Federboa

Der perfekte Lipgloss

Die Clown Doctors

Dass junge Menschen die Welt verändern können

Eine Leidenschaft für gutes Essen

Die Rezepte von Jamie Oliver

Wissen, was man bereit ist zu geben

Eine Welt ohne Grenzen

Bad Boys

Sich hinter einer Ecke verstecken und jemanden erschrecken

Hawaiianisches Fischcurry

»Was du heute kannst besorgen, das verschiebe nicht auf morgen«

Buttons mit dem Peace-Zeichen

Für die Mama kochen

Eine quietschende Tür ölen

Chlorophyll

Ein Eichhörnchen, das sich ganz nah heranwagt

Optimistisch in die Zukunft schauen

Zimtschnecken aus Stockholm

»La Traviata« von Verdi

Eine gute Tagesmutter finden

Ein soziales Netz haben

Haferflocken

Ein Fleecepullover

Das Stickeralbum aus der Kindheit

Intuitiv handeln

Sanfte Küsse

Zwei

»Stronger« von Kanye West

Ein Notizbuch neben dem Bett für nächtliche Einfälle und Träume

Sich das Beste bis zum Schluss aufheben

Der Lotussitz

Gebratene Gans mit glasierten Birnen

Eine dunkelhäutige Barbie

Warme Kekse direkt aus dem Ofen

Mit den kleinen Fingern einhaken

Kräuterbutter auf dem Steak

Ein Frühlingsgedicht

Wie schnell Kinder sich weiterentwickeln

Ein enger schwarzer Rock

Die Erfindung des Minirocks

Dass es sich immer auszahlt, sich mehr Mühe zu geben

Nasse Handtücher am Strand, die in der Sonne trocknen

Französische Zwiebelsuppe

Fünf Sachen spenden, die man nicht mehr benötigt

Einen guten Grund finden, um etwas zu tun

Die alten Barbiepuppen aus der eigenen Kindheit

Kulinarische Verführungen

Ein Buch lesen, das in Italien spielt

Wenn es flirrt und leuchtet

Momentaufnahmen

Sinnliche Beschreibungen

Wenn es so scheint, als sei die Zeit stehen geblieben

Hingebungsvolles Zubereiten köstlicher Gerichte

Stagediving

Winterdüfte

Die Farbe Koralle

Eine bunte Kochschürze

Ein gepflegter Schnurrbart

Ein Omelett mit frischem Ricotta

Ein respektvoller Umgang mit Lebensmitteln

Eine eingängige Melodie

Dahlien

Dass Baldrian beim Einschlafen hilft

Auf einem Heuwagen mitfahren

Eine sinnvolle Bedienungsanleitung

Sofort ein verfügbares Taxi finden

Das Wispern der Bäume

Den Sprung ins kalte Wasser wagen

Eine gute Eltern-Kind-Beziehung

Schwingende Röcke

Eiersalat auf Toast

Duftendes Aftershave

Eine Medaille bekommen

Intensive Erlebnisse

»Gestohlene« Augenblicke

Heiligenscheine

Saphire

Eine Party auf der Dachterrasse feiern

Sich über das Kursangebot in der eigenen Stadt informieren

Entenbrust mit Gemüse im Römertopf

Bratwürstchen

Langusten

Ein Duett singen

Ein Stadthaus besitzen

Sich die Fantasie eines Kindes bewahren

»Das hast du gut gemacht!«

Tische mit Sonnenschirmen

Das gewünschte Ergebnis auf einem Schwangerschaftstest

Pasta und Puccini

Wilde Champignons

Die Erfindung von Post-it-Zetteln

Heringssalat

Greenpeace

Gut bluffen können

Die Erklärung auf der Pralinenbox, welche Füllungen es gibt

Panettone aus Italien

Nur essen, wenn man wirklich hungrig ist

Einen Spielzeugkreisel drehen

Steine über die Wasseroberfläche springen lassen

Analytisches Denken

Den Dachboden entrümpeln

Für jedes Ding, das man kauft, ein anderes entsorgen

Die Weisheiten von Joseph Murphy

Sich auf eine heiße Dusche freuen

Etwas erreichen, das alle für unmöglich gehalten haben

Mit dem Abendessen auf den anderen warten

Badeschuhe

Ein Drive-in

Eis-Sandwiches

Wenn es im Unterholz raschelt

Wenn alle gemeinsam in einem Schlafsaal übernachten

Einen Radiosender suchen und die Lieblingsmusik finden

Dass man niemals zu großzügig sein kann

Ein Biker-Outfit

Altmodische Stenografie

Kinder fotografieren

Kaffeebohnen malen

In einer Parfümerie zur Neutralisation an den Kaffeebohnen schnuppern

Ein Resümee ziehen

Nicht unter einer Leiter durchgehen

Der Regenbogen bei einem Wasserfall

Die Top Ten

An einem Wettbacken teilnehmen

Die nötige Strenge

Eiscreme mit Kaffeegeschmack

Ein Flugzeug chartern

Immer wieder neu beginnen können

Journalismus

Gemeinsam einen Kochkurs besuchen

Mambo

Kühlendes Fußspray

Dass es an Weihnachten in Brasilien Feuerwerke gibt

Das faszinierende Gesicht eines Fremden

Salat mit Rucola und Wassermelone

Brauner Zucker

Einen Kredit abbezahlt haben

Schuldenfrei sein

Ein Lämmchen, das mit der Flasche aufgezogen wird

Ein Stillleben

Ein Zitronenbaum

Gedichte schreiben, die man nie jemandem zeigt

Sich mit jemandem zusammentun

Avocado

Forellenfilet mit roten Linsen

Pfifferlinge

Hirschmedaillons auf Zaziki-Espuma

Kleine Schätze in den Hosentaschen

Ein Werkzeugkatalog

Hosen mit Bügelfalten

Am Strand bleiben, bis es dunkel wird

Orangenschalen ins Feuer werfen, sodass es duftet

Sich aus der Hand lesen lassen

Baklava

Geröstete Pistazien

Duschen am Strand, um den Sand abzuwaschen

Ganz viele Kissen im Bett haben

Der Erste sein, der jemals etwas getan hat

Eisgekühlte Melone essen

Den Eltern im Nachhinein recht geben

Marionetten

Bauchredner

Living Dolls in der Fußgängerzone

Pantomime

Zusehen, wie ein Blatt vom Baum zu Boden fällt

Ein Tischgebet

Am Gartenzaun Rezepte mit der Nachbarin austauschen

Sich in der Bücherei einen Mitgliedsausweis holen

In einer Bücherei arbeiten

Bremsen, ohne dass die Einkaufstasche auf dem Beifahrersitz umfällt

Zwiebeln schneiden und dabei nicht weinen müssen

Dass einem die Waschmaschine die Arbeit abnimmt

Ein Steinofen zum Grillen im Garten

Rosinenbrot

Rooibostee mit einem Löffel Honig

Voll Vorfreude auf den Besuch warten

Ein rotes Hemd

Ein großes All-you-can-eat-Brunch-Buffet

Sauberes Trinkwasser

Sonnengewärmte Ziegelsteine

Margeriten

Lange Ohrringe, die bis zu den Schultern reichen

Nussbrot

Trauerweiden

Dass die Dinge nicht immer so sind, wie sie scheinen

Alles mit Streuseln drauf

Die Versorgungssicherheit unseres Gesundheitssystems

Ein alter Friedhof mit überwucherten Gräbern aus dem 18. Jahrhundert

Schöne Grabinschriften

Jemandem Avancen machen

Zehn Minuten mehr, wenn man sie braucht

Ein Kaufhaus nur mit Dingen für das zu Hause

Eine Reise nach Kopenhagen

Wäscheklammern aus Holz

Ein Wäschebeutel zum Waschen von Dessous

Das Piepsen einer Maus

Ein Dreijähriger mit einem frechen Hut

Sich mit dem anfreunden, was man an seinem Körper nicht mag

Badesalz mit Jasminduft

Das Baby nach der Geburt sofort auf den Bauch gelegt bekommen

Shoppen, bis die Kreditkarte glüht

Sein Wunschgewicht erreichen

T-Shirts mit Tiermotiven

Eine Babybadewanne

Die Farbenpracht von Indien

Eine Stelle als Tutor an der Uni bekommen

Auf dem Ultraschall den Herzschlag des Babys sehen

Bunte Girlanden im Wohnzimmer

Die Note »sehr gut«

Ein Produkt herstellen, das sich sehr gut verkauft

Zu zweit ein Duett pfeifen

Eine Wendeltreppe

Kapuzensweater

Alte Männer auf einer Parkbank in der Sonne

Die Lichter, die man sieht, wenn man sich die geschlossenen Augen reibt

Alles mit der Bezeichnung »Kingsize«

Reiseprospekte durchblättern

Momentaufnahmen in der Erinnerung abspeichern

Schwarzer Anzug, schwarze Schuhe und knallbunte Socken

Eine halbe Stunde Yoga zum Relaxen

Kleine Entspannungsrituale für zwischendurch

Vinaigrette

Seine Fantasien mit jemandem teilen

Esprit

Eine Karte mit getrockneten Blütenblättern basteln

Sandwiches mit abgeschnittenen Krusten

Sich selbst mögen

Die Schönheit des Alters

Die zweite Tasse Kaffee

Schultanzveranstaltungen

Niemals unversöhnt zu Bett gehen

Männer, die sich jeden Tag rasieren

Sich in einem Wahlkampf engagieren

Ein intelligentes System zum Anlegen von Passwörtern

Stehen bleiben und aus dem Auto aussteigen, um einen Regenbogen zu betrachten

Eine Barbiehochzeit

Der freche Kuckuck, der seine Eier in fremde Nester legt

Der Stolz eines Löwen

Lamas

Sich gerecht verhalten

Grüne Lebensmittel

Eine schwarze Jacke mit bunten Reißverschlüssen

Kaffeejoghurt

Ein Film, der einem noch lange im Gedächtnis bleibt

Praktische Tupperware

Ein ganzer Schwarm Fische

Die Intelligenz von Tieren

Schwarze Spaghetti

Die eigene Unsicherheit überwinden

Polierte Steine

Eine Arbeitsplatte aus Granit für die neue Küche

Ein Badezimmer mit Marmor

Auf dem Berg wohnen und vom Wohnzimmerfenster bis ins Tal sehen können

Eine Holzhütte bauen

Das Ziel am Ende der Straße

Mit Pflanzen sprechen

Prioritäten setzen

Jede Woche eine Bio-Gemüsekiste geliefert bekommen

Ein Zutaten-plus-Rezepte-Abo, das wöchentlich geliefert wird

Ein Prospekt mit Ausflugszielen in der Umgebung

Lustige Fotos am Automaten machen

Dass man niemals einsam ist, wenn man Bücher hat

Große Picknicktische in einem Wandergebiet

Ohrstöpsel

Sich zu jemandem hingezogen fühlen, bei dem man nicht damit gerechnet hätte

Nur in Bikini oder Badehose herumlaufen

Batikmuster

Perlzwiebeln

Manches für sich behalten

Gastfreundschaft in einem fremden Land

Kleine Schulklassen mit wenig Kindern auf dem Land

Der erste Eindruck

Milchflaschen aus Glas

Die ganze Nacht tanzen und den ganzen Tag schlafen

Blattgold

Ein Stofftaschentuch

Taschentücher mit Eukalyptusduft

Akrobaten im Zirkus

Eine Ledercouch

Den Kopf zur Entspannung sanft hin und her rollen lassen

Die verrückte virtuelle Realität

All die Möglichkeiten, die das Internet bietet

Batman

Jemand, der sich um alles kümmert, wenn man selbst krank ist

Einen Vater haben, der sich Zeit nimmt

Am Telefon die Stimme verstellen und jemanden auf den Arm nehmen

Sich neu verlieben

Jemanden sehen, der das gleiche Brillenmodell trägt

Auf einer Party das gleiche Kleid wie eine andere Frau tragen und darüber lachen können

Bunte Accessoires

Literatursendungen

Hörspiele

Kindermusicals

Mit Ziegenkäse gefüllte Chilischoten

Die Berührung, nach der man sich gesehnt hat

Mit Stäbchen essen lernen

Ein Geschenk zum Schulabschluss bekommen

Die eigene Handschrift immer erkennen

Der »Fang des Tages«

Pop-up-Bücher

Dass in einer Seifenoper ein Tag für die Episoden von drei Wochen reicht

Arbeitsethik

Dass es mehrere Möglichkeiten für die Satzstellung gibt

Die korrekte Kommasetzung beherrschen

Sich etwas merken, das man vergessen hat aufzuschreiben

Pizza mit Salami

Schwangerschaftsöl gegen Dehnungsstreifen

Das leise Summen des Kühlschranks in der Nacht

Wenn die Kinder nachts zu den Eltern ins Bett schlüpfen

Einfach so einen Dankesbrief an Mama schreiben

Alles mit neuen Augen betrachten

Ein Apartment in Manhattan

Einen gelben Käfer fahren

Eine Mittagspause in der Sonne

Eis essen und dabei aufs Meer schauen

Knoblauchdressing

Pasta Caprese

Sauerklee

»Den Löwenanteil bekommen«

Alle Herzen im Sturm erobern

Sich endlich entspannen

Nach dem Skifahren in die Therme gehen

»Novotel« von Adam Green

Die Filmmusik von Dirty Dancing

Rembrandt

Die Lieblingsseife immer wieder kaufen

Die Codes der Körpersprache durchschauen

Kleine Muttertagsgeschenke

Ein »Willkommen«-Schild an der Tür

Eine Cateringfirma eröffnen

Die Annehmlichkeiten des modernen Reisens

»Du bist schön«

Ein kleines Kino, das alte Filme spielt

»Tanz der Moleküle« von MIA

Weißwein

Ein Kunsthandwerksmarkt

Handschlagqualität

Gesundheit

Es mal nicht so genau nehmen

Marzipaneis

Zu Hause barfuß gehen

Bambusmatten

Die ersten Visitenkarten mit dem eigenen Namen drauf

Einen Grafikkurs absolvieren

Sich selbstständig machen

Kieselsteine sammeln

Beim Bowling gewinnen

Geräucherter Fisch

Saphirblau

Etwas »Pi mal Daumen« schätzen

Diebische Elstern

Wenn aus einem Urlaubsflirt mehr wird

Den Boden zum Erzittern bringen

Dass auch schlaflose Nächte vorübergehen

Sprachlos sein vor Staunen

Sich gut schlagen

Alles haben, was man braucht

Duftkerzen

Ein gähnendes Kind

Töpfern

Kommunikativ sein

Auf einer Slackline balancieren können

Neue Maßstäbe setzen

Das Talent zum Künstler haben

Die richtigen Leute zur richtigen Zeit kennenlernen

Posaune spielen

Eine Stelle mit guten Aufstiegschancen

Ein Platz an der Sonne

Rentner im Partnerlook

Weichzeichner

Das Musical »Les Misérables«

Kometen

Lange Sommerkleider

Ein Opernkenner sein

Wellensittiche

Ein gutes Team zusammenstellen

Soja

Eine berührende Geschichte

Smiley-Sticker

Ein Stadtstrand

Dem anderen die Wünsche von den Augen ablesen

Das Wir-Gefühl

Experimentelles Theater

Lichtdesign studieren

Wenn das eigene Projekt für die Masterarbeit von einer großen Firma unterstützt wird

Unberechenbarkeit

Eine aufwühlende Rede

Einfache Handgriffe

Jemanden lachen hören

Ein asymmetrischer Haarschnitt

Kissen mit Spitzenbesatz

Lautlos »Ich liebe dich« formen, sodass der andere es sehen kann

Wissen, welche Nummer das Lieblingslied auf der CD hat

Schnell trocknender Nagellack

Eine Halfpipe

Mit einem BMX fahren

Ein Moor

Primitives Vergnügen

Den Eisläufern auf dem zugefrorenen See zusehen

Den Menüplan der Woche aus der Cafeteria gemailt bekommen

Thermounterwäsche

Eine Patchworkfamilie

Sich mitten in der Woche einen Tag freinehmen

Die Erfindung von Kaugummi

Wasser als kostbares Gut betrachten

Die Mode der 1960er-Jahre

Gerechte Platzverteilung

Ein Badeanzug in Regenbogenfarben

Eine Ameisenplage ganz ohne Gift loswerden

Den veröffentlichten Briefwechsel bedeutsamer Menschen lesen

Die eigenen Memoiren verfassen

Für Opa ein bisschen Schnaps ins Seniorenheim schmuggeln

Selbstliebe

Seinen Orientierungssinn bewusst trainieren

An einer Regatta teilnehmen

Mülltrennung

Das innere Kind

Eine Reise nach Cambridge

Erst aus der Badewanne klettern, wenn das Wasser kalt ist

Eine Haarspülung zur Pflege

Dass Honig bei aufgesprungenen Lippen hilft

Briefmarken über dem Wasserdampf ablösen

Der ganzen Abteilung Kaffee spendieren

Das Büro für sich haben, wenn der Kollege im Urlaub ist

Zuversicht

Passiver Widerstand

Sich nicht gegen seine Gefühle wehren

Eine Stoppuhr

Halb sitzend, halb liegend im Bett essen und lesen

Yoga am Strand

Tai-Chi morgens um 5 Uhr

Die Tester im Drogeriemarkt ausprobieren

Gratiszustellung

Die Antwort dort finden, wo man sie nicht vermutet hat

Ein Buch schließen und noch einmal von vorn beginnen

Den Kragen aufstellen zum Schutz vor dem Wind

Das aufregende Geburtstagsparty-Gefühl

Ein pinkfarbenes Haus

Aus dem Fenster dem Schnee beim Fallen zusehen

Magenta

Kaugummi mit Melonengeschmack

Seinen Job gut machen

Acht Stunden Schlaf

Ein Zeitschriftenhalter im Wohnzimmer

Jemandes Herzschlag hören

Bücher und Filme mit extravagant langen Titeln

Nach Hause kommen und von Überraschungsgästen erwartet werden

»Lass uns tanzen!«

Spikes

Der Rhythmus von Sprache

Die Turn-taking-Regeln in einem Gespräch

Das Jawort nach 20 Jahren erneuern

Sich vor niemandem rechtfertigen müssen

Zu einer Entscheidung stehen

Als Freelancer arbeiten

Bei einem Garantiefall nichts bezahlen müssen

Eine günstige Autoversicherung

Eine Vollkaskoversicherung

Eine Vespa gewinnen

Robuste Dinge

Sich mit einem Lächeln an die erste Jugendliebe erinnern

Sonnengebräunte Haut

Wenn zu Weihnachten die ganze Familie an einem Tisch versammelt ist

Der Blumenname Stachelnüsschen

»Farbe ins Leben bringen«

Eine Skibrille

»Coming up easy« von Paolo Nutini

Sich nach dem Auftritt verbeugen

Ins Pfadfinderlager fahren dürfen

Alle Trümpfe in der Hand halten

Der Ausdruck »Muckefuck«

Entspannung im Alltag

Das Steuer in die Hand nehmen

Saubere Hände

Eine Handynummer mit einer Ziffernfolge, die man sich leicht merken kann

Geräucherter Schinken

Mikroskope für Kinder

Schneewittchenschwarzes Haar

Glänzendes braunes Haar

Den Himmel betrachten

»Leinen los!«

Ein Regenguss im Sommer

Vor sich hin singen

Blaumeisen

»Beat it« von Michael Jackson

Dass das Gesicht eines Menschen wie die Karte seines Lebens ist

Versuchen, einen Traum zu deuten

Bei einem Konzert mit den Füßen stampfen

Ein Gute-Nacht-Licht

Wenn einem die Worte fehlen vor Glück

»Erste Sahne«

In einer Danksagung vorkommen

Selbstgetöpfertes aus dem Brennofen holen

Ein gutes Gespür für Menschen haben

Die erste eigene Ausstellung

Tortillas mit Chili und Salat

In einem mexikanischen Restaurant essen

In einer Band spielen

Eine Kinderfußballmannschaft

Das Postsystem

Sich überlegen, wie wir in 50 Jahren leben werden

Erfahren, dass jemand sich an einen erinnert, den man selbst längst vergessen hat

Eine Reunion

Warmer Brie

Ästhetik

Selbstläuferwitze, die sich rasend schnell verbreiten

An Bord eines Schiffs gehen

Als Pianist erfolgreich sein

Ein pompöser goldgeschmückter Saal aus einer längst vergangenen Zeit

Rokoko

Sich nicht am Schweigen stören

Zu Fuß zur Arbeit gehen können

Schöne Füße

Alles, was man an seinem Körper mag

Am Telefon lachen

Die Polarlichter

Henna

Sich an den Tresen lehnen und die Gäste in der Bar beobachten

Schließfächer

Popcorn mit Butter

Der perfekte Tag

Eine Pferdekutschenfahrt durch die Winterlandschaft

Die eigene Geburtsurkunde

Sich ausstrecken

Die Farbe Olivgrün

Tomaten, die auch grün bleiben, wenn sie reif sind

Eisbergsalat

Klarsehen

Eine Sweatjacke

Eine Initiativbewerbung verschicken und zum Gespräch eingeladen werden

Auf einer eingeschalteten Waschmaschine sitzen

Recycling

Eine ordentliche Buchhaltung

Inschriften in Gold

Nicht übers Wetter schimpfen, weil man es ohnehin nicht ändern kann

Die Erfindung von SMS

Grimassen schneiden vor den Giraffen im Zoo

Ein Fantasiefreund

Jemandem zuzwinkern

Eine Eieruhr

»Mir geschieht nur Gutes!«

Fitness für zu Hause

Giftige Pflanzen erkennen können

Pitabrot

Weiße Wassermelonenkerne

Ein Chemiebaukasten für Kinder

Schnee-Schaumspray zur Dekoration der Fenster

Essigessenz gegen Kalkflecken

Wenn jeder in der Familie einen Spitznamen hat

Geröstete Kürbiskerne

Eine sehr tiefe Männerstimme

Jemandem etwas beweisen

Sachen für das Baby kaufen

Die Wörterbücher aus der Schulzeit aufbewahren

Jemanden in- und auswendig kennen

Die eigenen Macken akzeptieren

Eine Taxilizenz erwerben

Gut haftendes Paketband

Vor dem ersten Schluck das Aroma des Getränks einatmen

Eine Brücke machen können

Polierte Schuhe

Bei einer Sprengung zusehen

Das Quietschen einer Hängematte

Die neueste Modekollektion des Lieblingsdesigners

Sich niemandem unterwerfen

Das Topping auf den Cupcakes

Von den »Blumen und Bienen« erzählen

Wenn unter dem Essen ein schöner Teller zum Vorschein kommt

Gastgeschenke

Eine blaue Lagune

Harry Potter

Wenn die Kinder die eigenen Errungenschaften noch übertreffen

Vampirzähne aus Plastik

Sich mit einem Hund anfreunden

Ein Sweatshirt mit Kragen

Einen individuellen Stil haben

Alles, was direkt vom Bauernhof kommt

Bunte Fischerboote im Hafen

Beleuchtete Schminkspiegel

Ein Fahrradhelm, der aussieht wie ein Hut

Alles, was im Mund schmilzt

Ein Liebesbeweis

Das Wort »mäandern«

Es nicht erwarten können, jemandem etwas zu erzählen

Paläste aus dem 18. Jahrhundert

Wachsen

Kinder ablenken, damit sie nichts Gefährliches anstellen

Slalom fahren

Ein verlassenes Haus im Herbst

»Immer der, der fragt«

Auf einem Surfbrett liegend durchs Wasser paddeln

Ein Globus

Auf der Weltkarte markieren, wohin man bereits gereist ist

Mit der eigenen Wettervorhersage richtig liegen

Löffelbiskuit

Die Kettenbriefe von früher

Alles, was klein ist

»Für immer dein«

Die Erfindung von Staubsaugern

Ein Foto von der ganzen Mannschaft

Meerblick

Mitten in der Woche essen gehen, weil man keine Lust hat zu kochen

Wenn die Pflanze, die man selbst aus einem Samen aufgezogen hat, die erste Blüte bekommt

Prachtvolle weiße Orchideen

»Im Dreieck springen«

»If you want to sing out, sing out« von Cat Stevens

Mit der Tochter den ersten BH kaufen

Auf seinen Körper hören

Salvador Dalí

Bücher und Gemälde aus der Zeit der Romantik

Auf die eigene Gesundheit achten

Sich in Acht nehmen

Über die Fehler anderer hinwegsehen können

»Okay!«

Langes Haar

Spiegeleier »sunny side up«

Ein Vogelhaus auf dem Balkon

»Kann mir mal jemand das Wasser reichen?«

Der Ausdruck »Scherzkeks«

Wenn der eigene Laden in einer Zeitschrift vorgestellt wird

Zum ersten Mal ein Bild verkaufen

Selbst gemachtes Potpourri

Wunschlos glücklich sein

Das Kulturangebot in einer Großstadt

Ein bezahltes Praktikum

Ein sympathischer Seminarleiter

Das Musical »Cats«

Sich fragen, ob es wirklich Ufos gibt

Unehrlichkeit aufdecken

Ein weißes Shirt mit blauem Muster

Jemanden in den April schicken

Eine wichtige Debatte auslösen

Sternstunden

»Stolz wie Oskar«

Wenn ein Kind keine Windeln mehr braucht

Als Lehrer von den Kindern respektiert werden

Teamwork

Hirse

Lesezeichen basteln

Nicht ewig über die Exfreunde sprechen

Sich endlich küssen

Als Vater die Tochter zum Altar führen

Drei

Gezielt handeln

Italienische Musik

Punsch

Senfkörner

Elegante Damen mit Fächern

Schlitten fahren

Ein »Ringotel« für die Eheringe zum Hineinlegen über Nacht

Sich kurzfassen

Ein Blumenbouquet

Getrocknete Pflaumen

Das große Glück suchen und dabei das kleine Glück nicht übersehen

Redewendungen

Sich seiner selbst bewusst sein

Sich um einen alten Menschen kümmern

Diamanten

»Übung macht den Meister«

Innehalten

Schokoladensoße

Eis mit frischen Mangostücken

Dass beim Lächeln Glückshormone ausgeschüttet werden

Spiritualität

Dankbar sein, dass man ist, wie man ist

Sein eigenes Potenzial erkennen

Schmunzeln

»Und wenn ein Lied« von Xavier Naidoo und den Söhnen Mannheims

Alles, was man mit Geld nicht kaufen kann

Bei einem Skirennen gewinnen

Eisgekühlter Saft

Gemeinsam die guten alten Zeiten aufleben lassen

Über Outfits von früher lachen

Eine »Gute Besserung«-Karte verschicken

Ganz leise singen

Ein Brot mit Quark und Marmelade bestreichen

Eine Alarmanlage

Wenn der Vorname perfekt zum Nachnamen passt

Die Lieblingstante

Sonnengebräunte Haut im Mai

Backgammon spielen

Böse Worte hinunterschlucken

Seinen Ärger hinunterschlucken und tief durchatmen

Wenn einem eine Katze zuläuft, die nicht mehr gehen will

Ein Erdbeerfest

Nachmittagstee in England

Fingerfood

Ein Gericht in einer Glosche serviert bekommen

Fließend Englisch sprechen

Die U-Bahn-Station in der richtigen Richtung verlassen

Sich nicht darum sorgen, was geschehen wird

Die Erfindung von Kühlschränken

Ein Bügelbrett in genau der richtigen Höhe

Sich in ein Gästebuch eintragen

Die Farbe Elfenbein

Ein Omelett mit Pilzen

Ein fremdes Alphabet

Alte Krankenschwesterhäubchen

Die goldene Regel

Das Prinzip von »Musikmix«

Sich mit seinen Nachbarn gut verstehen

In eine schönere Gegend ziehen

Ein Puzzle mit 5000 Teilen

Wenn ein hektischer Tag zu Ende geht

Einfach nicht ans Telefon gehen

Ein Jeansblazer

Dass in der Mode alles erneut »in« wird

Ein Sekretär aus dem 19. Jahrhundert

Die Pendlerpauschale

»L'italiano« von Toto Cotugno

Staatliche Zuschüsse

Podcasts im Internet anhören

Fürs Radio interviewt werden

Bei einer Radioshow Konzertkarten gewinnen

Remoulade

Entertainment

Wenn die abonnierte Zeitschrift im Briefkasten liegt

Jede Menge Zeitschriften für eine Zugfahrt kaufen

Küchenpapier

Eine Knoblauchpresse

Gesunde Zähne haben

Einen Spaziergang machen, um in Ruhe nachdenken zu können

Schwarzer Tee mit Milch

Honig im Kaffee

Von zu Hause aus arbeiten

Ferngespräche

Eine Reise nach Bali

Ein Urlaubsflirt

Kräuteressig

Im Winter die Vögel füttern

Ein Poster von einem alten Kinofilm

»Change the world« von Eric Clapton

In ein größeres Haus umziehen

Sonnengelbe Servietten

Unter der Sonnenbrille hervorlinsen

Jeden Tag für sich genommen leben

Sich mit dem Boot genau in der Mitte des Sees befinden

Ein E-Bike

Unkraut jäten

Vorgeschnittenes Brot

»I believe I can fly« von R. Kelly

Alles, was einem Arbeit erspart

Ketchup in einer extra Miniaturschüssel

Eine Landkarte umdrehen und so halten, wie die Straße verläuft

Zusehen, wie der Kuchen im Ofen aufgeht

Dass Waschmaschinen Guckfenster haben, weil die Frauen sonst ihre Wäsche nicht reinwerfen wollten

Sich auf einem Ball wie Cinderella fühlen

Käse aus Holland

In einer abgelegenen Hütte übernachten

Soda

Ein ruhiges Fischerdorf

Weiche Knie bekommen, wenn eine bestimmte Person den Raum betritt

Konferenzschaltungen

Meetings, in denen alles nach Plan läuft

Geeiste Gurkensuppe

Heiße Zitronenlimonade im Winter

Kaviar

Etwas Dekadentes tun

Skispringen

Mit den Skiern über eine Schanze springen

Hören, wie der Partner unter der Dusche singt

Wissen, wie der Zaubertrick funktioniert

Einen persönlichen Jungbrunnen haben

In Kisten voll alter Fotos stöbern

Eier trennen, ohne dass etwas danebengeht

Wenn der Eismann kommt

Eine Pfeife rauchen

Bugs Bunny

Vor dem Fernseher dösen

Ein feiner Gehrock

Abschiedsküsse

»Macarena« von Los del Rio

Ein Poster von einer Kunstausstellung kaufen

Ein bunter Toilettensitz

Ein Seeotter

Eine ausgestreckte Hand nehmen

Litschis

Sesselkreise

Dass die Katze sofort auftaucht, wenn ihr Futternapf gefüllt wird

Sich mit Spielen und Puzzles auf dem Teppich ausbreiten

Ein Kaleidoskop

Alles, was man früher schon gern hatte

Den Kindern von Spielsachen und Cartoons erzählen,
die es heute nicht mehr gibt

Einen Sonnenbrand vermeiden

Ein Rentier sehen

Bratkartoffeln

Sich im Sommer eiskaltes Wasser ins Gesicht schütten

»Mitten ins Herz«

Der Eröffnungstanz

Ein herzlicher Abschied

Sich verbeugen

Etwas zur Perfektion bringen

Alles, was erotisch ist

Etwas mit Zitronensaft schreiben und dann mit dem Bügeleisen erwärmen

»Das ist mein bester Mann«

Die perfekte Flugbahn eines Fußballs

Kopfschmerzen mit Akupunktur heilen

Elton John

Kebab

Darauf vertrauen, dass man gute Karten bekommt

Einfach weiterspielen

Auf einem Hausboot Urlaub machen

Sich wieder gut fühlen, nachdem man niedergeschlagen war

Flammkuchen

Türstopper

Mikrowellenpopcorn

Überlegen, was man mit einem Lottogewinn machen würde

Obstspieße

Mit dem Zucker sparen

Zeitlupe

Wenn das Baby groß genug ist, um auch am Familientisch zu sitzen

Sich an einem Vorbild orientieren

Sich beim Sonnenbaden regelmäßig umdrehen

Als Texter eine gute Headline finden

»Flowers in the window« von Travis

Das Hochzeitsmenü zusammenstellen

Mit den Kindern raufen

Schwingtüren

Eine Parmesanreibe

Genau wissen, wie die Kinder, die man mal haben möchte, heißen sollen

Müslikekse

Kricket spielen

Die Hotspots in einer Stadt

Überraschende Gesten der Liebe

Wasserfeste Schuhe

Jemanden beim Radfahren auf dem Gepäckträger mitnehmen

In die eigene Auffahrt einbiegen

Hulatanz

Die Coolness von James Bond

Ein Agententhriller

Keinen Geburtstag vergessen

»Memories« von Sophie Zelmani

Die Auslage im Schaufenster des Juweliers betrachten

Fangfrischer Fisch

»I will survive« von Gloria Gaynor

Den Kindern an Halloween Süßes geben

Angenehme Zimmertemperatur

Räucherlachs auf Ei und Toast

Eine Münze in einen Brunnen werfen und sich was wünschen

Dass Kinder stundenlang an einem Bach spielen können

Wenn nach einer Geburtstagsparty das ganze Haus voller Blumensträuße ist

Ein vom Autor signiertes Buch

Gesalzene Butter

Etwas in der Mikrowelle auftauen

Davon träumen, Astronaut zu werden

Ein Bad in einem Jacuzzi

Dass man heute mit 40 noch nicht alt ist

Guten-Morgen-Musik

Eine Chill-out-Lounge

Sex am Strand

Wenn ein erwachsener Mann vor Freude weint

Eine Reise nach Island

Den Geist beständig füttern

Namensschilder für den Koffer

Humphrey Bogart

Für die ganze Woche vorkochen und alles einfrieren

Wenn der neue Reisepass noch kurz vor der Reise fertig ist

Cha-Cha-Cha tanzen

Eine große Verwandtschaft haben

Es genießen, draußen zu sein

Wenn die Kinder sich im Kindergarten wohlfühlen

Brieftauben

Wenn Männer in der Garage herumwerkeln

Wenn auf einer Baustelle alles glattgeht

Alpakas

Ein Weinmarkt

Zur Bürgermeisterwahl antreten

Die alten Handwerke

Ein Superman-Pyjama

Mammuts

Wenn Kinder miteinander teilen

Marmorkuchen

Eine Fahrt durch die Weinberge

Ein Winzertreffen

Ein Bautagebuch mit Bildern

Nach vielen Jahren endlich das Bad renovieren

Ein Milchbärtchen

Ein Cappuccinobärtchen

Mit einem U-Boot fahren

Die Frisur direkt nach dem Aufstehen

Urlaub machen, indem man mit jemandem das Haus tauscht

Housesitting

Musik-Neuerscheinungen

Jemandem glauben

Die persönlichen Favoriten

Wenn Lkw-Fahrer zum Gruß hupen

Ein Messenger-Bag zum Umhängen

Bermudas

Lässige Sommershorts für Männer

»Shine on« von The Kooks

Vierhändig Klavier spielen

Eine Spieluhr

Wenn das Kindergeschrei verstummt

Einen Teller ablecken

Die winzige Pause vor dem Applaus

Dass es manchmal gut ist, wenn man etwas nicht bekommt, das man wollte

Pumpernickel

Die deutsche Einigkeit

Sich vorstellen, man hätte in einer anderen Zeit gelebt

Die Badewanne einlassen und das Geräusch genießen

Hochzeitsmandeln

Eine kleine Insel mit dem Fahrrad umrunden

Sich der Wahrheit stellen

Brot, das frisch aus dem Ofen kommt

Sich freuen, wenn jemandem etwas Gutes passiert

Sich ein bisschen dümmer stellen, als man ist

Eine Sitzdusche in einer kleinen italienischen Pension

Jemanden kitzeln

Schlechtes Wetter, wenn man sowieso arbeiten muss

Die Zunge rausstrecken und Schneeflocken fangen

Zu jedem Outfit passende Ohrringe haben

Kleine Mädchen mit ihren Teddybären

Sich von Erwartungen verabschieden

Überstunden abbauen

Eingangssysteme, für die man keinen Schlüssel braucht

Eine Urkunde einrahmen und aufhängen

Kosenamen wie Schatzi, Hase oder Bärli

Mit Freunden in einer WG wohnen

Amerikanische Sitcoms

Eine Wärmflasche bei Bauchweh

Dass man in Schuhkartons allerhand aufbewahren kann

Eine Modelleisenbahn

Dreadlocks

Eine Sandkiste im Garten

Einen Kuchen backen, von dem alle das Rezept haben wollen

Eine portugiesische Feigentorte

Sensibilität

Hummer essen

Wenn Männer in der Schwangerschaft auch zunehmen

Der perfekt sitzende BH

Den BH mit einer Hand öffnen können

Comicfiguren als Wandsticker im Kinderzimmer

Die Bergpredigt als Essenz des Christentums nehmen

An einer Jahrmarktbude schießen und etwas gewinnen

Gebrannte Erdnüsse

Siebenschläfer

Eine Wasserflasche für unterwegs

Warme Hände

»Hot«-Ketchup

Alte Hinterglasmalerei

Gold schürfen

Die Nacht auf einem Boot verbringen

Sich ein Büro einrichten

Eine Wäschespinne

Kleine Flirttricks

Ein farbenfrohes Fest in Indien

Ein Tablet

Ein Smartphone

Ein Bub und ein Boot in einer Badewanne

Überbackene Bohnen

Mit dem Einkaufswagen bis zum Auto fahren

Ein Touchdown

Parfum auflegen, obwohl man niemanden trifft

Die Schule wechseln

Eine Ausbildung zum Lehrer machen

Einen Job aus Überzeugung machen

Sellerie

Eiscreme mit Keksstücken

Knusprige Cornflakes direkt aus der Packung futtern

Reality-Fernsehshows, in denen jemand einen Partner sucht

Zugunsten der Umwelt keinen Weichspüler benutzen

Das Lieblingswaschmittel

Am ersten Tag am neuen Arbeitsplatz wissen, dass man hier bleiben will

Das eigene Portfolio

Sojamilch

Eine schwarze Nerd-Brille

Eine Wohlfühlatmosphäre

Beim Sport so richtig schwitzen

Wenn der billige Lippenstift schöner ist als der teure

Lollipops in der Form von Blumen

Ein alter Pick-up-Truck

Kunstdruckkarten aus dem Museum

Einen Babysitter für viele Jahre behalten

Das Tempo einer Schnecke

Extravagante Mode

»Rescue Blues« von Ryan Adams

Ein Bankett

Das ganze Haus von oben bis unten putzen

Pasta mit frischen Kräutern

Polierte Gläser

Musik, die so schön ist, dass man weinen muss

Eine hawaiianische Blumenkette

Eine Reise nach Las Vegas

Die Schubladen einer Kommode in verschiedenen Farben bemalen

Sich nicht mehr hilflos fühlen

Seidenstrümpfe

Champignoncremesuppe

Afrikanische Wurzeln haben

Den Tag von der Haut waschen

Sich Kleider von der Schwester ausleihen

Ein Mädelsabend unter Schwestern

Erfrischungen

Von einem Triumph erzählen

Die Doktorarbeit abgeben

»Ein gesunder Geist in einem gesunden Körper«

»Jungle Drum« von Emiliana Torrini

Mit Liebe zubereitete Speisen

Lakritzschnecken

Sich bei einer Onlinepartnerbörse anmelden

Jemanden im Internet kennenlernen und sich verlieben

Kinder, die in Zweierreihen zum Spielplatz gehen

Als Erfinder arbeiten

Als Fußballprofi Erfolg haben

Kräftigendes Aufbau-Shampoo

Ein FKK-Strand

Das ganze Poolbecken durchtauchen

Eierlikör an Weihnachten

Ein Bagel mit gerösteten Zwiebeln

Sich überlegen, wohin man mit einer Zeitmaschine reisen würde

Schuluniformen

Eine hellblaue Krawatte

Sehr schmale schwarze Krawatten

Bilder von Pin-up-Girls aus den 1950er-Jahren

Gegrillte Sandwiches

Einfach immer nach Norden fahren

Für die Ausbildung der Kinder sparen

Beschließen, ein besserer Mensch zu werden

Streitende Eichhörnchen

Ein Traumtagebuch führen

Boxen aus der Konditorei

Geschmolzener Mozzarella

Mit Freunden Karten spielen

Eine Hornbrille

Ein mitternachtsblauer Pullover

Etwas völlig Nutzloses tun

Die Regeln von Golf verstehen

Ein Beruf, bei dem man viel Zeit draußen verbringt

Frische Kräuter schneiden

Eine Exkursion mit dem Bus

Ein Klebestick

Hitze

»Ich gehe einkaufen, soll ich dir was mitbringen?«

Schöne, simple Vornamen

Wenn etwas gut geht, von dem man dachte, man würde es vermasseln

»Du bist für mich die Schönste«

Eine Grapefruit aufschneiden

Das leise Kratzen eines Bleistifts auf Papier

Die Flitterwochen-Suite buchen

Haferflockensuppe mit geriebenen Karotten essen, wenn man krank ist

Eine Programmiersprache beherrschen

IT-Kenntnisse

Eine süße Überraschung auf dem Kopfkissen

Eine Herausforderung annehmen

Sich so richtig auspowern

Ein Lächeln so groß wie das von Julia Roberts

Die Heiratsurkunde

Bei Nacht im Meer schwimmen

»Dick im Geschäft sein«

Die optimale Skiausrüstung

»Ich bin reich« von Die Ärzte

Die Zahnpflege ernst nehmen

»Das tut der Seele gut«

Überlegen, wie es wäre, reich zu sein

Eine Idee für einen super Slogan haben

»Hey soul sister« von Train

Ein immerwährender Geburtstagskalender in der Küche

Fangfrische Muscheln

Ein eigener Hobbyraum für den Mann

Ein Bilderbuch über Bagger

Gekitzelt werden

Sojapudding

Ein Café mit angenehmer Atmosphäre

»Fly away« von Lenny Kravitz

Die Geburtsurkunden der Kinder

Der Lieblingsbaum im Garten

Wenn der Wind durch hohes Gras streift

Rubine

Gesundes Essen in der Schulkantine

In Rente gehen

Pläne für die Rente schmieden

Dass man es nicht verhindern kann, sich zu verlieben

Ganz allein auf einem zugefrorenen Teich stehen

Wenn einem vergeben wird

Tweety

Ein Scrapbook basteln

Für die ganze Familie stricken

Genau wissen, was jemand denkt

Gin Tonic

Herumhüpfen

Eine Gruppenumarmung

Zeichnungen und Basteleien aus der Kindheit

Sich ein bisschen Naivität bewahren

Ein Poncho

Wenn sich ein Schmetterling auf der Hand niederlässt

Eine Bibliografie erstellen

Die After-Show-Party

Dunkle, fast schwarze Augen

Mandelförmige Augen

Ein Plüschteppich

Wenn die Adresse genau in das Adressfenster des Kuverts passt

Ein Babyeichhörnchen

Handwäsche

Gemeinsam eine Dinnerparty planen

Ein Wombat

Nostalgische Gefühle

Die ersten warmen Frühlingstage

Freibadtemperaturen im Mai

Dass Regen für die Natur lebenswichtig ist

Dass man heute problemlos mit Menschen auf der ganzen Welt telefonieren kann

Plastiktüten mit Zipper

Anonymität, wenn man sie braucht

Geldbörsen mit Druckknopf

Am Pool liegen mit einem Fruchtcocktail in der Hand

Per Handy Bilder vom Urlaubsort verschicken

Archäologie

Ein orangefarbenes Shirt

In ein Buch hineinblättern und nicht mehr aufhören können zu lesen

Ein Sixpack Bier

Basmatireis

Nicht immer jedem alles mitteilen müssen

Ein Deostick

Alte, verwaschene Shirts

Rote Kerzen an Weihnachten

3 ... 2 ... 1!

Der 30. Geburtstag

Der Weg zum Altar bei der Hochzeit

Fair entscheiden

Dass man Jeans einfach immer tragen kann

Das erste Computerspiel, das man jemals gespielt hat

Dass Augen nicht lügen

Das Richtige tun, auch wenn niemand es sieht

Einen Kochkurs in Paris machen

Glückliche Eltern haben

Gewichte stemmen

Klimmzüge machen

Als Model über den Laufsteg gehen

Den Koran lesen

Knorrige alte Olivenbäume voller Früchte

Die Sammelbox mit Kleingeld zur Bank bringen

Kleine Geschenkklammern mit Herzen

Updates

Ein großer weißer Bergkristall

Die Vorstellung einer friedlichen Welt ohne Krieg

Dass Wissen Macht ist

Aufhören, wenn es genug ist

Einlegesohlen mit Frischeduft für die Schuhe

Ein pfefferminzgrünes Fahrrad

Zusehen, wie die Schatten langsam länger werden

Sportunterricht in der Schule

Sportliche Wettkämpfe für Kinder

Wenn die Sänger beim Singen plötzlich lachen müssen

Nach dem Babysitting die Kinder wieder abgeben können

Eine Sammlung mit seltenen und wertvollen Büchern

»Willst du gelten, mach dich selten«

Der Morsecode

Ein Kaffeeautomat mit überraschend gutem Kaffee

Blutorangentee

Sich als Mann zum ersten Mal rasieren

Andrea Bocelli

Eine pinke Tischdecke und Tulpen zur Dekoration

Eine riesige Wassermelone aufschneiden, sodass die Schale knackt und der Saft herausrinnt

Dass Lachen die beste Medizin ist

Fetakäse

Hart gekochte Eier für ein Picknick

Eine Zickzackschere für Bastelarbeiten

Kataloge mit Bastelbedarf

Ein Geschäft, in dem es noch Stoffe, Wolle und Spitzenbordüren gibt

Seine Ehe retten

Dass die Welt langweilig wäre, würde niemand verrückte Fragen stellen

Viele Fans auf Facebook haben

Zahlen

Birnensorbet

Pinterest

Musik, Fotos und Kontakte online organisieren

Einen Aktzeichenkurs besuchen

Kleine Beilagensalate

Kleine Mädchen, die zum Ballett gehen

Jersey

Ein Pizzaschneider

Der letzte Geschäftstermin des Tages

Der Moment, in dem man den Richtigen kennengelernt hat

Über die Monarchie und ihren Untergang lernen

Wissen, dass wir in einem wohlhabenden Land leben

Auf dem Bürgersteig stehen bleiben und durch ein Schaufenster fernsehen

Den Schuhschrank ausmisten

»Einmal geht's noch«

»Himmel und Hölle« spielen

Sich nicht überwältigen lassen

Die Haare toupieren

Warmes Wasser auf kalter Haut

»Das Wesentliche ist für das Auge unsichtbar« (Antoine de Saint-Exupéry)

Wenn jemand schon nach dem ersten Klingeln ans Telefon geht

Freundlich am Telefon begrüßt werden

Wenn die Metallbecher beschlagen, in denen Eis serviert wird

Eine Interessengruppe

Sich fragen, was man im Leben erreichen will

Mit 14 schon wissen, wohin die Reise gehen soll

Wolkenspiele

Die kleinen Skandale

Sich selbst als Leseratte und Bücherwurm bezeichnen

Eine ganze Staffel »How I met your mother« ansehen

Star-Wars-Fans

Das kühle Gefühl einer Halskette auf der Haut

Tomaten, die so reif sind, dass sie aufplatzen

Eine alte Kuckucksuhr

Die Möglichkeit von DNA-Tests

Ein Bücherzimmer

Ein Bad im Kerzenschein

Eine Teigknetmaschine

Bambussprossen

»Kämpfen wie ein Löwe«

Gerechtigkeit

Jargon

Ein Rosengarten mit einem weißen Zaun

Wenn man laut loslachen muss, obwohl man das gar nicht will

Interessante Kinoplakate

Hören, dass die U-Bahn einfährt, und loslaufen

In der größten Hektik einfach stehen bleiben und tief einatmen

Urbane Legenden

Korrespondenzen abspeichern

Ein Waldsee, auf dem die Sonne glitzert

Ein Nachtmensch sein

Ein Back-up haben, sollte der Computer abstürzen

Rote Lebensmittel

Sich einen Werbespot ausdenken, der beim Kunden super ankommt

Butterscotch

Erklärende Bücher »für Dummies«

Apfelgelee

Wenn sich die Kinder während eines Flugs ruhig verhalten

Einen ganzen Tag mit der besten Freundin verbringen

Etwas tun, auf das man keine Lust hat, um einem anderen Freude zu bereiten

Eine schlanke, blaue Glasvase

Ein extralanges, knuspriges Baguette

Einen Glückspfennig aufbewahren

Das Poesiealbum aus der Kindheit

Ein roter Kugelschreiber

Wenn Anmerkungen an einem Text nicht mit Rot, sondern mit Bleistift geschrieben sind

Aus jedem Land, das man besucht, ein Lesezeichen mitbringen

Ein Beachvolleyballspiel mit attraktiven Männern beobachten

An der Information die benötigte Auskunft bekommen

Ein besetzter Informationsschalter

Die Erfindung des Reißverschlusses

Ein Shirt mit dem eigenen Namen als Aufdruck

Die Kombination von Weiß und Pink

Dass am Wochenende Ruhe vom Baustellenlärm herrscht

Beim Arbeiten Musik hören

Den perfekten Burger braten

Food to go

»Wenn du bei mir bist, ist alles gut«

Dass niemand es so treffend und schön sagt wie Reinhard Mey

All die Sorgen mit einem Lachen beiseitewischen

Eine Akustikgitarre

Die Hand auf die Hand eines anderen legen

Die Zweifel bei jemandem abladen

Der erste Tag am Meer

»Einmal fünf gerade sein lassen«

»Sail away« von David Gray

Pizza mit Meeresfrüchten

Eine Hobbywerkstatt

Chinoshorts

Gleitzeit

»Don't stop me now« von Queen

Ein bisschen schnippisch sein

Der Ausdruck »schnurstracks«

Sich nichts wünschen

Als Maler erfolgreich sein

Saxofon spielen

Als Praktikant ernst genommen werden

Die Annehmlichkeiten der modernen Kommunikation

Wasserbomben

Die »Rocky Horror Picture Show«

Die eigenen Fähigkeiten genau kennen

Wissen, was zu tun ist

Romantik im Alltag

Der Ausdruck »splitterfasernackt«

»Aida« von Verdi

Frische Nüsse

Schon als Teenager wissen, wo man später arbeiten will

Verlässliche Mitarbeiter haben

Der Katze das Lieblingsfutter kaufen

Moderne digitale Schultafeln

Wenn es kalt ist und der Partner einem die eigene Jacke gibt

Die richtige Betonung eines Worts kennen

Fünf

Neidlos zugeben, dass ein anderer besser war

Deutsche Musik

Handgeschöpftes Papier

Dem Schneemann im Garten den Namen »Stanislaus« geben

Die Kinder auf dem Schlitten den Hügel hinaufziehen

Ins Filmbusiness einsteigen

Bei einem Casting ausgewählt werden

Getrocknete Apfelringe

Die Großeltern regelmäßig besuchen

Das Beste aus jeder Situation machen

Sich zugestehen, traurig zu sein

Sich nicht anpassen

Dass Singen stimmungsaufhellend wirkt

Nähe

Ausgelassen lachen

Als Model für einen Werbespot gebucht werden

Ein guter Koordinator sein

Sich von Überflüssigem trennen

In einem bestimmten Bereich Experte sein

Hell auflachen

Spaß

Vegetarier sein

Die Dinge, die einem die Mutter nie verraten hat

Das Kinderzimmer für das Baby einrichten

Ärger an sich abprallen lassen

Das Firmament

Sich in die Liebe fallen lassen

»Mach's gut!«

Ein intensiver Blick

Der eine Moment, den man nicht vergessen kann

Fühlen

»Mit einem lachenden und einem weinenden Auge«

Der Tag nach der Hochzeit

Eine Melodie, in der sich das Herz verfängt

Ein kleiner Steinmörser zum Zermahlen von Kräutern und Körnern

»Du bist ein Wunder«

Von der Liebe geleitet werden

Die Gezeiten

Die Steine aus dem Weg räumen

Eine Straße voller Fähnchen

Sternenstaub

Der Lieblingspullover des Vaters

An Schutzengel glauben

Immer einen Freund an der Seite haben

Eine Katze, die fast den ganzen Tag schläft

Im Urlaub im Restaurant anhand eines Wörterbuchs bestellen

Ballettschuhe

Engelsflügel

Freiwilligenarbeit in einer Suppenküche

Etwas abstauben und wiederverwenden

Ein Marienkäfer, der auf dem Finger landet

Ein Schlaflied

Dass man manchmal die wahre Bedeutung eines Ereignisses erst viel später erkennt

Immer den Kontext beachten

Wenn das ganze Publikum bei einem Lied mitsingt

Eigensinnig sein und sich nicht unterkriegen lassen

Sich sofort an den Namen eines Menschen erinnern, den man erst einmal gesehen hat

Das »Ding!« des Aufzugs

Energiesparlampen

An einem Ort verwurzelt sein

Sich krankmelden

Das »Heut fühl ich mich gut«-Shirt

Eine Geisterstadt

Verfrühte Silvesterböller

Die Eleganz der Farbe Schwarz

Dass auf dunkle Stunden helle folgen werden

Lange Geschichten

Ein Fortsetzungsroman in der Zeitung

Ein bisschen eitel sein

Ungeheuer fröhlich sein

Alle Geräusche ausblenden

Eine ruhige Ecke in einem gefüllten Café

Ein traditionelles Wiener Café

Flink sein

Jemandem den Hof machen

Vorgeschnittener Käse

Kleine Smileys aus den i-Punkten machen

Kleine Herzen als i-Punkte

»In Saus und Braus leben«

Die kleine Liebe

Einen perfekten Latte macchiato hinbekommen

»Hattest du eine gute Reise?«

Toast Hawaii

»Was gibt's Neues?«

Glück und Wohlstand

Dicht an dicht sitzen

Sitzkissen

Burritos

Dass wir unser Glück erst begreifen, wenn wir es von draußen sehen

Ein Seesack

Etwas Wohlvertrautes

Wenn derjenige, auf den man wartet, endlich auftaucht

Ein Kind nach Hause tragen

Wenn das Geben und Nehmen in einer Beziehung ausgeglichen ist

Wenn das ganze Haus von klassischer Musik erfüllt ist

Einen Raum betreten, der schon angenehm geheizt ist

Der Trost der Einsicht

Der Höhepunkt der Party

Ein hilfreiches Mittel gegen Migräne

Ein Spiel, bei dem es keine Gewinner und Verlierer gibt

Verrückt nach Schuhen sein

Männer im Baumarkt

Sich an Hotelbewertungen orientieren

Singvögel

Ein Kanarienvogel

Online-Games

Eine Überschwemmung im Bad gerade noch verhindern

Zu Ende bringen, was man angefangen hat

Ein Zungenbrecher in einer fremden Sprache

Waffelteig zubereiten

Eine Schuld begleichen

»Wettschulden sind Ehrenschulden«

Weit gereiste Freunde

Etwas Herzerwärmendes sehen

Den dicken Jungen auf dem Schulhof beschützen

Von den Mitschülern akzeptiert werden

Hilfe gegen Mobbing

Von unerwarteter Seite Hilfe bekommen

Moderne Blumentapeten

Eine Straße voller Buchländen und Galerien

Eine Vernissage besuchen

Ein eleganter Aschenbecher

Trost bei Liebeskummer

Blinkende Lichtschriften

Allein essen und dabei lesen

Große gerahmte Gemälde

Mitten im tiefsten Winter in wärmere Gefilde reisen

Etwas lernen, das wirklich wichtig ist

Versuchen, hinter die Fassade in einen Menschen hineinzusehen

Ein kleiner Toilettensitz für Kinder

Ein Nachtflug

Alles, was man zum ersten Mal tut

Dass jeder Anfang wie ein Versprechen ist

Eine Meeresbrise

»Obenauf schwimmen«

»Nel blu dipinto di blu« von Domenico Montugno

Den Doktortitel verliehen bekommen

Ein neuer Kurzhaarschnitt

Vor sich hin murmeln

»Fighter« von Christina Aguilera

Der Ausdruck »Schlauberger«

Luftballons mit Wasser füllen und werfen

Das Musical »Das Phantom der Oper«

Jemanden das Schreiben und Lesen lehren

Dass Tiere beim Menschen Stress reduzieren

Teamgeist

Die richtige Berufswahl

Senf aus dem Glas

Wilde Küsse

Die Hochzeitstorte anschneiden

Vier

Für jeden Tag dankbar sein

Effizienz

Geld für andere ausgeben

Französische Musik

Wenn der selbst gebaute Schneemann ganz lang nicht schmilzt

Zu einem Casting eingeladen werden

Eine Schneeballschlacht

Eine Großstadt bei Nacht aus dem Flugzeug sehen

Eine Tanzveranstaltung in der Schule

Charmant sein

Getrocknete Aprikosen

Eine verheißungsvolle Nacht

Wissen, dass Negativität einen nicht weiterbringt

Dass Glücklichsein von innen, nicht von außen kommt

Schokostreusel

Nächstenliebe

An einem Fotoshooting mitarbeiten

»Sich schieflachen«

Heiterkeit

Vegetarische Rezepte

Ein roter Minirock

Eltern, die ihre Kinder inspirieren

Dreimal auf Holz klopfen, um Unglück abzuwenden

»Best of«-Listen

Menschen mit interessiertem, offenem Blick

Hirselaibchen mit Sauerrahmdip

Sightseeing mit dem Helikopter

Dass man Turnschuhe in die Waschmaschine stecken kann

Ein Baumhaus bauen

Dass Menschen, die weniger besitzen, oft viel gastfreundlicher sind

Dass das Internet unser Leben revolutioniert hat

Spiderman

Seinen Eltern dankbar sein

Als Lektor viele Korrekturaufträge erhalten

Ein Blech Pizza backen, bei dem jedes Familienmitglied sein eigenes Stück belegen darf

Das Lieblingsstück am Theater sehen

Als Tontechniker arbeiten

Dass Patchworkfamilien heutzutage keine Ausnahme mehr sind

Die Mode der 1920er-Jahre

Aggressionen zulassen

Online beim Drogeriemarkt bestellen

Auch negative Gefühle akzeptieren

Eine Überraschungsparty

Das Nordlicht

Der perfekte Tag zum Skifahren

Eine melodiöse Frauenstimme

Die Oberhand gewinnen

Goodie-Bags

Der erste Schultag

Einen Baum pflanzen

Das erste Mal beim anderen übernachten

Wenn Kinder »Kopffüßler« malen

Rollkragenpullover

Einstandsgeschenke

Ein Autokino

Der Horizont

Sich nicht zu klein und nicht zu groß finden

Mit jemandem auf Augenhöhe sein

Wenn es endlich 17 Uhr ist

Bei Sonnenaufgang einen Berg erklimmen

Familienzeit

Bücher rechtzeitig zurückgeben

Lipgloss in kleinen Tuben

Bei Tisch gerade sitzen

Das Gesicht in den Sommerregen halten

Lieder schreiben

Dass Liebe jedem Kalkül entwischt

Jede Winzigkeit im Universum

Eine pathetische Filmszene

Der erste Energieschub am Morgen

Eine Wartemarke ziehen und erkennen, dass man nicht lang warten muss

Keine Antwort schuldig bleiben

Unzählige Seiten schreiben

Etwas richtig Dummes sagen und darüber lachen

Reden, als ginge es um sein Leben

»Ich liebe dich« auf den beschlagenen Spiegel schreiben

Mit Lippenstift auf dem Spiegel eine Botschaft hinterlassen

Beeindruckende Fotoreportagen

Ein menschenleerer Bahnsteig

Selbst ein Bett zimmern

Ein altes Liebespaar

Der Ausdruck »Turteltauben«

Sich gesegnet fühlen

Einander neu begegnen

Sich wünschen, alles möge immer so bleiben

Sich gemeinsam auf den Weg machen

Ein Freudenfeuer

Arglos sein

Ein Restaurant, das stets aufs Neue begeistert

Nichts dramatisieren

Brot einfrieren

Bananenpudding

Miteinander alt werden

Das Wunder des Körpers

Eine Privatschule

Flaschenpost

»Hipp, hipp, hurra!«

Ein guter Wochenbeginn

Dass der Montag auch nur ein Tag ist

Zwischen den Zeilen lesen

HTML lernen

»Old before I die« von Robbie Williams

Die soziale Bedeutung von Kleidung

Babuschkas

Ein Tageslichtbad mit Fenster

Wenn die Welt im Winter völlig geräuschlos scheint

Wenn das Adrenalin durch die Adern rauscht

All die kleinen, nicht wirklich nützlichen Dinge

Das Glöckchen vom Schokoladenosterhasen

Eine Dose für die ausgefallenen Milchzähne

Ein Sommermorgen

Sammeltassen

Das Ende der Saison

Fimo

Etwas nicht übers Herz bringen

Ein Trinkwasserbrunnen

Ein blau-weiß kariertes Hemd

Anstand besitzen

Elektrisierende Musik

Anschauliche Beispiele

Alles, was einem heilig ist

Zuflucht finden

Stolz auf die eigene Partnerschaft sein

Die Oscar-Verleihung im Fernsehen anschauen

»Don't haha« von Mr. Ed jumps the gun

»Jemandem aus der Hand fressen«

Die Demokratie

In einem demokratischen Land leben

Wenn das Volk sich erhebt und eine Demokratie erwirkt

Sich unverwundbar fühlen

Etwas mit den eigenen Händen formen

Subtilität

»We are the champions«

Erdbeertiramisu

Eau de Toilette

Vor dem Fernseher essen

Wissen, was wichtig im Leben ist

Romantische Geheimnisse

Fossilien

Spüren, wo man hingehört

Nachts das Kissen umdrehen und auf der kühlen Seite weiterschlafen

Linkische Bewegungen

Der Schneidersitz

Das Leben als ein einziges großes Abenteuer sehen

»Hals- und Beinbruch«

Laisser-faire

Leben und leben lassen

Ins Fettnäpfchen treten und darüber lachen

Wissen, wann es an der Zeit ist zu gehen

Ein Ausflug ans Meer

»Leben wie Gott in Frankreich«

Der Ausdruck »Affentheater«

»Tipitipitipso« von Caterina Valente

Wenn einem nichts peinlich ist

Eine Kissenschlacht

Suppe in eine Tasse füllen

»Waka Waka« von Shakira

»Du armes kleines Würstchen«

Die Hand an einer Wand entlangstreifen lassen

Eine ganze Kiste voller Schnappschüsse

Die Legende von Ikarus

Reisnudeln mit Garnelen und Sojasoße

Diamantohrringe

Strandliegen

Aussprechen, was keiner zu sagen wagt

»Rolling in the deep« von Adele

Wegen der Kinder keine ruhige Minute haben

Alles, was man hat

Ein verlockendes Angebot

Mit dem leeren Tank gerade noch zur Tankstelle kommen

House Music

Der Metzger um die Ecke

Von zu Hause ausziehen

Ein Orangenbaum

Wenn ein Traum zerbrochen ist, einen viel besseren finden

Alte Liebesbriefe lesen

Den Partner überraschen und von der Arbeit abholen

Lebendigkeit

Ein Haus ausräuchern, wenn man einzieht

Wachstropfen

Retrohits

Eine Mottoparty

Ein verloren gegangenes Puzzleteil finden

Der erste Kuss

Alte schaurige Gargoyles an Kirchenfassaden

Das Gefühl im Magen, wenn der Aufzug plötzlich stehenbleibt

Dass der Hund kommt, wenn man ihn ruft

Eine Garage haben

Parkgaragen mit günstigen Tarifen

Den Fernseher auf »stumm« schalten

Pelzige Blumenblätter

Das letzte Studiensemester

Der Halbgeburtstag

Wenn Schuhbänder die perfekte Länge haben

Seine Einstellung verteidigen

Ein neues Wort erfinden für ein bestimmtes Gefühl

Bouldern

Einen Babytisch in einem Möbelladen einrichten mit all den Dingen, die man braucht und sich schenken lassen kann

Die Liebe spüren

Als Kind behütet aufwachsen

Ein ganzer, runder Käselaib

Eine Reise nach Australien

Dass Abschiednehmen ein Teil des Lebens ist

Heiße Flüssigkeit, die von innen wärmt

»Bleib bei mir«

»Little drummer boy«

»Wer zuletzt lacht, lacht am besten«

Wiedersehensküsse

»Schön ist es auf der Welt zu sein« von Roy Black

Dass man im Gesicht eines Menschen lesen kann

Vom Arbeitgeber gefördert werden

Das Musical »West Side Story«

Opernkarten geschenkt bekommen

Sich sein Team selbst aussuchen können

»Ich wünsche dir von allem Guten nur das Beste«

»Wann sehen wir uns wieder?«

Sechs

Ambitionen haben

Auf Deutsch singen

Mit dem Schlitten den Hügel hinuntersausen

Buttons mit witzigen Sprüchen

Damit aufhören, die Fingernägel abzuknabbern

Getrocknete Cranberrys

In allgemeines Gelächter einstimmen

Grazie

Kleine Kostbarkeiten

Scharfsinn

Sich vegan ernähren

Eine Uniform mit vielen Orden

Intensität

Ein Kalender mit Affirmationen für jeden Tag

Eine »Best of«-CD

Wildragout

Rückblickend erkennen, wie sehr sich die Prioritäten im Leben verändert haben

Essiggurken aus dem Glas

Für seine Gastfreundschaft bekannt sein

Superman

Wenn Kinder mit Stäbchen essen können

Dass man sich nirgends so geborgen fühlt wie in den Armen der Mutter

Ein Theaterstück schreiben und aufführen

Eine Lehre absolvieren

Einfache Rezepte für die Tage, an denen es schnell gehen muss

Ein weißer Rock mit Spitzenbesatz

Bunte Lidschattenfarben wie Türkis, Gelb und Pink

Dass es in einer Patchworkfamilie einfach mehr statt weniger Eltern gibt

Kinder, die mit großen Augen einer Geschichte lauschen

Beim Zähneputzen und Duschen Wasser sparen

Alles mit Sahne

Eyeliner

Maßgeschneiderte Kleidung

Ein Motorrad mit Soziussitz

Kleine Cappuccinolöffel

Miniaturkuchengabeln

Alice im Wunderland

Farben, Farben, Farben

Sich frei fühlen

Keine Kalorien zählen

Dass wahre Schönheit zeitlos ist

Durch ein Teleskop schauen

Völlig bewegungslos im Garten in der Sonne liegen

Witzige Figuren für Salz und Pfeffer

Wenn niemand nachwürzen muss

Etwas so Flüchtiges wie Rauch

Eine Blumenausstellung

Elegante Handschuhe zum Kleid

Das Aroma von Schokolade

Eine hilfreiche Statistik finden

Knallrote Schuhe

Ein Buch im Handschuhfach für den Fall, dass man in einen Stau gerät

Nicht überreagieren

Ein Planetarium besuchen

Wenn der Teekessel pfeift

Ein Newsticker

Als Kellner in jeder Saison an einem anderen Ort arbeiten

Après-Ski-Hüttengaudi

Internetcafés

Einem Bäcker bei der Arbeit zusehen

Eine Fahrt mit einem Heißluftballon

Blumen für die Seele

Shortbread

Eine Überraschungsparty für zwei

Kleider, die man nicht bügeln muss

Ein Duschvorhang mit bunten Smileys

Dankbar sein für einen so simplen Genuss wie frisches Brot mit Butter

Ein idyllischer Wald

Eine ganze Tüte Chocolate-Chip-Cookies aufessen

Ein Notfallplan

Ein Mindmap erstellen

Die Schuhe, mit denen man den ganzen Tag wandern kann, ohne Schmerzen zu bekommen

Dass die Schuhgröße sich im Gegensatz zur Kleidergröße nie ändert

Sich nicht für einen Pizzabelag entscheiden können und einfach alle nehmen

Sich die Zeit vertreiben

Keine Langeweile aufkommen lassen

Kurze Momente der Langeweile

Läden, in denen es ausschließlich Süßigkeiten gibt

Die Kunstgalerien durchstöbern

Sich in einer Menschenmenge auf angenehme Art unsichtbar fühlen

Eine Betreuungsstätte für Hunde

Einen Hund aus dem Tierheim holen

Den Kindern den Wunsch nach einem Haustier erfüllen

Der Ausdruck »Nachteule«

Alte amerikanische Quilts

Einen Salattag einlegen

Tanzshows mit Promis im Fernsehen

In einem indischen Restaurant essen

Eine schöne altmodische Teekanne

Dreifache Begrüßungsküsse links, rechts, links

Apfeltaschen backen

Eine Puppenwiege

Wenn homosexuelle und heterosexuelle Menschen gemeinsam Party machen

Ein wichtiges Statement abgeben

Tiefe Zufriedenheit nach einem köstlichen Essen

Schwertschlucker

Schwimmwesten

Durch ein Megafon sprechen

Situationskomik

Bei einem sportlichen Wettkampf im Fernsehen mit der Mannschaft des eigenen Landes mitfiebern

Stempel mit der Aufschrift »Danke schön«

Sonnenöl

Cher

Gemüsesaft

Wochenendpläne

Finanzielle Unterstützung bekommen

Dolce faniente

Zitronenscheiben auf dem Fisch

Neckholder-Shirts

Bergamotte

Ein Wochenendausflug mit dem Geliebten

Das Kind einer Freundin hüten, damit sie allein etwas unternehmen kann

Das unverkennbare Aroma von Knoblauch

Hieroglyphen

Tinker Bell

In eine Tapasbar gehen

Weihnachtspunsch

Jemandem einen Artikel schicken, der ihn interessiert

Eine Probefahrt mit dem Traumauto machen

Himbeeren vorsichtig im Mund zerdrücken

Ein Kochrezept abwandeln, sodass es noch besser wird

Dass es sicher regnen wird, sobald man sein Auto gewaschen hat

Herausfinden, was einem am meisten Spaß macht

Eine Reise nach Alaska

Stevia als gesunde Alternative zu Zucker

Menschen, die immer gut drauf sind

Die Erfindung von Tiefkühlprodukten

Kindersicherungen an den Fenstern

Brownies ohne Nüsse

»Wo ein Wille ist, ist ein Weg«

Dass Witze immer stereotype, wiedererkennbare Anfänge haben

Ein großer Strauß Blumen am Hotelempfang

Die Prüfungswoche hinter sich haben

Auf dem Balkon Kaffee trinken

Sich ein Lied im Radio wünschen

Ein Haus, das schon von außen einladend aussieht

Sich anlehnen

Ein romantischer Look

Chicken Wings in Barbecuesoße

Orte, an denen man noch nie war

Dass die Erde sich immer weiterdreht

»Von Luft und Liebe leben«

»Have yourself a merry little Christmas«

Ein Opernglas

»Madame Butterfly« von Puccini

»Das schaffen wir schon«

Zehn

Eine rasante Rodelbahn hinunterfahren

Vor Lachen losprusten

Das Brutzelgeräusch vom Grill

Das kleine Schwarze

Langsam ins kalte Wasser waten

Einen Orden bekommen

Kamut

Gefüllte Zucchini

Ein hoher Topf extra für Spaghetti und Spargel

Ein Baumhaus als Geheimversteck

Mit dem Haustier reden und überzeugt sein, dass es einen versteht

Ein Kinderplanschbecken im Freibad

Ein Spielplatz mit Holzmaterialien

Eine Mozart-Biografie lesen

Selbstironie

Nicht die Orientierung verlieren

Darauf achten, im Haushalt nicht zu viel Plastikmüll zu produzieren

Zuversichtlich in die Zukunft schauen

Wenn unerwarteter Besuch kommt, der selbst Kuchen mitbringt

Fünf Jahre Garantie auf ein Produkt

Das Auto zu einem guten Preis verkaufen

Den Koffer im Schließfach lassen und sich die Stadt ansehen, bis der Anschlusszug fährt

Eine kleine Popcornmaschine für zu Hause

Kreative Taschen aus Recyclingmaterial

Wichtige Dokumente in Ordnern ablegen

Den Handytarif wechseln

Nüsse in Schokoladenhülle

Weitermachen, obwohl alle denken, dass man nicht mehr kann

Als Modedesigner die erste eigene Kollektion entwerfen

In einer Lagune schwimmen

Eine Reise auf die Insel Burano

Ein Foto von der gesamten Belegschaft

Über Frisuren von früher lachen

Ganz laut singen

Jemandem zeigen, wie man mit einem Computer umgeht

Eine Nichte oder einen Neffen bekommen

Spielzeug für Erwachsene

Hören

Aufgefangen werden

Zu Tränen gerührt sein

»Mögen dir die Herzen immer zufliegen«

Die Sexiness von Zurückhaltung

Eigensinn

Seinem Redebedürfnis nachgeben

Der 18. Geburtstag

Viele schöne Models auf einem Laufsteg

Eine Reise nach Griechenland

Der erste Akkord auf dem Klavier

Seinen Horizont erweitern

Wenn Kinder unbeantwortbare Fragen stellen

Etwas zurückbekommen, das man ausgeliehen hat

Der Bäcker um die Ecke

Eine Reise nach Lissabon

Der Moment, bevor im Kino der Film beginnt

Alle Räume mit Leben füllen

Alte Räucherrituale

Sich eine Meinung bilden

Wenn einem jemand den Rücken mit Sonnenmilch eincremt

Eine kleine Taschenlampe als Schlüsselanhänger

Haarnadeln mit bunten Steinchen

Der feine Unterschied

Ein Traumgeschehen zeichnen

Eine schwarze Jacke, die braucht man einfach

Bereiche, in denen das Rauchen verboten ist

Der Name »Karenina«

Zanderfilet in Krenkruste

Zitate in einem Buch sammeln

Urlaub auf einer abgelegenen Insel

Ärzte ohne Grenzen

Frisch gewaschenes Haar

Die Komfortzone

Dass immer erste der zweite Pfannkuchen gelingt

Wenn Mama liebevoll Sandwiches für die Schulpause packt

Eine Figur aus einer Klopapierrolle basteln

Die Kinder umarmen

Ein Alphorn

Eine Speisekarte designen

»The Lion sleeps tonight« von Solomon Linda

Die Wendepunkte im Leben

Das Versprechen, das in Neujahr liegt

Jemand, der verschlafen und verwirrt am Küchentisch sitzt

Optimale Besuchszeiten

Sofas, die man in Betten verwandeln kann

Als Reisereporter arbeiten

Aussprechen, was alle denken

»Smash Birds« von Sóley

Als Journalist erfolgreich sein

»Der Ring der Nibelungen« von Wagner

Als Steinmetz arbeiten

Sprachfertigkeit

Dass dezenter Schmuck oft am schönsten ist

Immer etwas haben, auf das man sich freuen kann

Klare Definitionen

Die Welt durch die Augen des anderen sehen

Sich in jemanden hineinversetzen

An Wunder glauben

Erdnussbutter und Marmelade

Alte Filme mit Shirley Temple

Eine Tanzschule eröffnen

Eine eigene Choreografie erfinden

Jemandes Charme verfallen sein

»Setz dich hin, heute koche ich!«

Die zweideutigen Namen von Drinks

Ein riesiger Bäckereiofen voller Brot

Kojoten

Ein bunter Teppich

Eine Katze, die mit dem Weihnachtspapier spielt

Das zischende Geräusch, wenn man eine Flasche öffnet

Auf einer Mauer sitzen und die Füße baumeln lassen

»Immer der Nase nach«

Eine cremige Gesichtsmaske

Nicht mehr in einem Einzelbett schlafen müssen

Die Patenschaft für ein Kind übernehmen

Sich bei einer Spendenaktion beteiligen

Nach einer Naturkatastrophe an die Hilfsorganisationen spenden

Nach Hause fahren

Eine Stimme, die man gern hört

Verbindlichkeit

Eine Turnmatte fürs Wohnzimmer

Ein Kaschmirmantel

Ein Ei vorsichtig mit dem Löffel aufklopfen

Kleidung so schön zum Trocknen aufhängen, dass man sie nicht bügeln muss

Sand zwischen den Zehen am Strand

Alle Lichter ausschalten bis auf jene am Weihnachtsbaum

Ein großer, runder Eichentisch

Idiome

Wassermelonenpink

Dass Kinder unerwartete Wege finden, mit normalen Dingen aus dem Haushalt zu spielen

Dass das Geburtstagskind die Torte anschneiden darf

Die Handtaschensammlung

Grüne Bohnen mit Speck umwickelt

Einfache Ledersandalen

Eine Liste mit Goofs aus einem Film

Der Herdentrieb

Tiere, die in Familien und Rudeln leben

Im Park auf einer Decke liegen und einschlafen

Das Ritual des Händeschüttelns

Ein Schiffchen bauen und in den Bach setzen

Reservierte Kinokarten gerade noch rechtzeitig abholen

Nicht in Einkaufszentren gehen, sondern die kleinen Läden unterstützen

Erstauntes Kopfschütteln

Ein Besuch von Oma

Als Schwestern die gleichen Kleider anziehen

Die Tradition, einen Toast auszubringen

Doch noch eine letzte Rolle Klopapier finden

Ein diebstahlsicheres Fahrradschloss

Soße hollandaise

Lasagne

Gute Bewertungen im Internet

Österreichische Wörter wie »Topfen«, »Powidl« und »Schmäh«

Am ersten warmen Tag des Jahres neue T-Shirts kaufen

Frühlingszwiebeln

Dass man mit Kindern viel mehr vom Tag hat, weil sie einen so früh aufwecken

Kleine glasierte Karotten

Eine Kette aus Gänseblümchen basteln

Eine Schultheateraufführung der Kinder

Der Weltrekord für den längsten Kuss

Schinken mit Honigkruste

Abalone spielen

Die Dächer von der Schneelast befreien

Das quietschende Geräusch nasser Schuhe

Jemanden auf ein Eis einladen

Ein notarielles Siegel

Die Schlüsselübergabe nach Vollendung eines Bauprojekts

Alle Freundinnen zum Prosecco-Brunch zu sich nach Hause einladen

Mit dem Handtuch einen Platz am Pool besetzen

Die Konsequenzen ziehen

Ausnahmsweise unproduktiv sein

In einem Lesekreis gemeinsam mit anderen Bücher lesen und besprechen

Der Berg an Weihnachtspapier, nachdem alle Geschenke geöffnet sind

Eine Lupe

Der Eigensinn von Katzen

Eine Schildkröte als Haustier

Alle Lebewesen respektieren

Orangensaft in Sektflöten servieren

Eine Reportage über den Nordpol

»Jingle bells«

Das Portfolio aktualisieren

Ein asiatischer Supermarkt

Buchweizen

Als Eltern ein gut eingespieltes Team sein

Roll-on-Deo

Wenn kleine Details den Unterschied machen

Gegrillter Wildlachs mit Gemüse

Wenn der Kreis sich schließt

Heimkehren

Die erste Vernissage mit den eigenen Werken

Das Wort »Gänsefüßchen«

Wenn der Lieblingsschauspieler einen Oscar gewinnt

»Put your records on« von Corinne Bailey Rae

Als Schriftsteller Erfolge feiern

Einen gerechten Chef haben

»Let the sunshine in« aus dem Musical »Hair«

Zu einem Konzert eingeladen werden

Mehr als einen besten Freund haben

Einen Smiley auf die beschlagene Scheibe zeichnen

Cartoons aus der Zeitung ausschneiden

Leidenschaftliche Küsse

»Danke für den schönen Abend«

Sieben

Einen Schneeball werfen und genau treffen

Animierte E-Cards mit kleinen Cartoons

Frohsinn

Hafer

Cevapcici

Die Wäsche aufhängen

In einem Baumhaus übernachten

Jemandem seine Lebensgeschichte diktieren, der sie dann aufschreibt

Dem nächsten Tag zuversichtlich entgegenschauen

Mit einer Vespa durch die Stadt düsen

Die perfekte Bucht

Ein Betriebsausflug mit allen Kollegen

SMS und E-Mails von den Eltern oder Großeltern bekommen

Auf die Patenkinder aufpassen

Ein ganzes Zimmer voller Spielsachen

Stilles Einverständnis

Sehen

»Mit allen Wassern gewaschen sein«

Dem Schutzengel danken

Der erste Tuschkasten

Die geheimnisvollen Raunächte an Weihnachten

Geheimplätze in der Stadt, an denen man parken kann, ohne bezahlen zu müssen

Seine Meinung vertreten

Einen Trommelkurs belegen

Salsa tanzen

Indische Bindhis

Kinderwagen für Puppen

Der Wiener Life Ball als Fest des Lebens und als Aktion gegen Aids

Ein Statement setzen

Jonglieren lernen

Stempel mit der Aufschrift »Aus der Bibliothek von …« für Bücher

Spanische Tapas essen

Ein Gewürzregal

Alles mit Butter

Ein bedeutungsvolles Augenzwinkern

Ein Fahrradkorb

Sich niemals zu erwachsen für etwas fühlen

»Du bist meine Nummer eins«

Himbeerdrops

Saure Drops

Fotos per E-Mail aus der Ferne bekommen

Guter Hauswein

In einem Naturteich schwimmen

Eine sinnvolle Kooperation

Hautstraffende Bodylotion

Die Möglichkeit von Schönheitsoperationen

Als Schönheitschirurg erfolgreich sein

Einen völlig neuen Kleidungsstil ausprobieren

Ein altes Karussell aus dem 19. Jahrhundert

Zur richtigen Zeit am richtigen Ort sein

Eine Piñata

Selbsterklärende Dinge

Eine Chance, die man nur einmal im Leben bekommt

Eine ehrliche Antwort

Sich an seinem Arbeitsplatz wohlfühlen

Sich Stichworte notieren

Der Wechsel der vier Jahreszeiten

Improvisieren

Laute Pfiffe

Wenn rote Rosen auf die Bühne geworfen werden

Wenn sich die Beklemmung in der Brust löst

Jemandem die Vorfahrt lassen

Zeichensprache

Alles, was Erholung bringt

Ein edler Tropfen

Ein gutes Tröpfchen in Maßen genießen

»Danke der Nachfrage!«

Graue Haare auszupfen

Geschenkeläden

Etwas auf dem Kopf balancieren

Ein Treffen mit den ehemaligen Kommilitonen

Dass alles, was verboten ist, einen ganz besonderen Reiz hat

Aufrichtigkeit

Geschliffene Kristallgläser

Goldene Manschettenknöpfe

Unter der Woche tanken, wenn die Benzinpreise nicht so hoch sind

Jemandem zuwinken

Wenn Mama noch an der Tür steht und winkt, bis man um die Ecke gebogen ist

Eine Biskuitroulade backen

Eine Allianz gründen

Sich über das Internet mit Gleichgesinnten vernetzen

Im Vorgarten sitzen und ein kühles Bier trinken

Bier aus dem Keller holen

Künstlerische Freiheit

Ein dankender Handschlag

Wenn Männer einander auf die Schultern klopfen

Zögern und dann doch springen

»Das ist die richtige Einstellung«

Die Kunst zu leben

Der Duft des Kaffeeregals im Supermarkt

Brötchen vom Vortag aufbacken

Ein wildes Durcheinander

Das Auto, mit dem man aufgewachsen ist

Ein Monster zeichnen

Wenn die Kinder auf dem Rücksitz still sind

Viele CDs für eine lange Autofahrt

Etwas gratis kosten, das man gar nicht kaufen will

Lustige Geschäftsideen von Kindern

Ein eigenes Unternehmen gründen

Über eine Pfütze springen

Eine Wohnung selbst renovieren

Votivkerzen

Nicht gewinnorientierte Projekte

Die Fähigkeiten von Jugendlichen fördern

Sommerschulkurse

Eine Oase der Ruhe

Die pure Lust am Leben

Das Fenster, das auf den Garten schaut

Die hohen Töne treffen

Eine Lockenmähne

Zu den letzten Takten des Lieblingslieds das Ziel erreichen

Ein guter Sportkommentator

Grußkarten mit Musik

Ein Maskenball

Ein buntes Meer an Fallschirmspringern in der Luft

An das Prinzip des Karmas glauben

Glauben, dass alles, was man aussendet, zu einem zurückkehrt

Wenn jemand sein Shirt verkehrt herum anhat

In einem Leuchtturm wohnen

Auf einer Insel wohnen

Der Schlusspfiff

Kickern

Nicht Lotto spielen

Ein Tresorraum

Die kleine Raupe Nimmersatt

»Kurzen Prozess machen«

»Stronger« von Kelly Clarkson

Acht

Wenn junge Hunde bei Schneefall wie verrückt herumhüpfen

Belustigung

Miesmuscheln in Weißweinsoße

In einer Bucht ankern und ins Wasser springen

Eine lustige Weihnachtsfeier mit den Kollegen

Ein Computerkurs für Senioren

Viele Cousins und Cousinen haben

Sex Toys

Aufeinander eingehen

Das erste selbstverdiente Geld

Segelschiffe am Horizont

Vom großen Geld träumen

Die Faszination von Gladiatoren im alten Rom

»Brot und Spiele«

Beim ersten Versuch perfekt einparken

Dass Salz einst so wertvoll war, dass es als Zahlungsmittel eingesetzt wurde

Eine Bluse mit schöner Stickerei

Nur ganz kurz in der Warteliste hängen

So sehr lachen müssen, dass man gar kein Geräusch machen kann

Blumen ins Haar flechten

Würde

Einem Fitnessklub beitreten

Ein neues Sport-Outfit fürs Fitnesscenter kaufen

Wenn alles aufgegessen wird

Sich im Regen aus der Wohnung aussperren und vom Nachbarn aufgenommen werden, bis der Schlüsseldienst kommt

Jemandem einen Streich spielen

Ein perfekter Wurf

Die Hulk-Hogan-Pose

So tun, als würde man vor einer Kamera posieren

Ein Paket aufreißen, kaum dass der Postbote aus der Tür ist

Wenn der Rest Zahnpasta noch für ein letztes Mal putzen reicht

Ein sirupgetränktes Waffelstück

Männersofas vor den Umkleidekabinen der Damen

Eine zweite Meinung einholen

Nach langem Suchen die Fernbedienung finden

Die Monotonie durchbrechen

Den Arm aus dem Autofenster lehnen

Geburtstag im Büro feiern

Sich nicht selbst kasteien, sondern das Leben genießen

Jemanden liebevoll zudecken

Wortlose Entschuldigungen

Einen toten Baum zersägen und ein Lagerfeuer machen

Der Duft von Kiefernnadeln

Die nasse Badehose ausziehen und in warme Kleidung schlüpfen

Die Arbeit zu Ende bringen

Mit Bierflaschen anstoßen

Den ganzen Tag eine Bettfrisur tragen

Die Fernbedienung so gut kennen, dass man nicht auf die Tasten schauen muss

So gut tippen können, dass man nicht auf die Tasten schauen muss

Nach dem nächtlichen Gang auf die Toilette ins kuschelig-warme Bett zurückkehren

Als Kind in die nächste Klasse aufsteigen

Dass Essen die Erotik des Alltags ist

Ein Kugelschreiber, der immer noch funktioniert, obwohl er längst leer sein müsste

Mit dem Spiel »Schere, Stein, Papier« eine Entscheidung treffen

Ein neongelbes T-Shirt

Irische Wurzeln haben

Den Geburtstag des Haustiers feiern

High Ten mit beiden Händen

Wenn jemand im Schlaf lacht

Ganz vorn in einer Schlange stehen, die hinter einem endlos wird

Schnee an Heiligabend

In der letzten Reihe sitzen

Coolness

Sich zur Versöhnung umarmen

Typische Tätowierungen von Matrosen

LED-Lampen

Haargel

Gedimmtes Licht

In der Gesellschaft aufsteigen

Gesellschaftliches Ansehen

Das Internet als moderne Spielwiese

Eisblumen

Eine Schultüte basteln und befüllen

Picknick-Brunch

Ein Mann, der aufsteht, wenn eine Frau hereinkommt

Wenn ein Mann einer Frau in den Mantel hilft

Galanterie

7/8-Hosen

Lebensmittelfarbe

Wenn in einem Automaten noch das Guthaben von der Person vorher steckt

Das Gefühl, dass einem nichts etwas anhaben kann

Ein Besuch im Haus der Natur

Ein Restaurant mit einer Kinderkarte

Einen Flugsaurier basteln

Risotto mit Parmesan

E-Mails von einem Urlaubsflirt

Evergreens

Nachtskifahren

Eine Flutlichtanlage

Ein Uhrenvergleich

Rosinenkekse

Einen Welpen adoptieren

Jemanden ins Herz schließen

Nichts mehr essen, weil man sich schon die Zähne geputzt hat

Seemannsknoten

Vivaldi

Ein Lied in einer fremden Sprache singen können

Dass jeder Tag 1440 Minuten hat

Parmesan in Italien kaufen und mit nach Hause nehmen

Der Spielplatz des Lebens

Beliebt sein

Eine Schatzsuche

Konfetti im Haar

Bei einer Hochzeit Reis werfen

Mixed Pickles

Katzenspielsachen

Dass Hunde es lieben, einem Ball nachzujagen

Alles, was süß ist

Der Mannschaftsbus

Bruchsicheres Glas

Ein neues Leben beginnen

Ein Schloss besichtigen

Sich vorstellen, auf einer Burg zu leben

Fast mit jemandem zusammenstoßen und gerade noch ausweichen

»Walking on sunshine« von Katrina and the Waves

Eine Staffelei, eine Leinwand und Farben kaufen

Ein Ring mit Diamanten

Eine zusammenklappbare Reisezahnbürste

Frisbee spielen

Sich die Haare waschen und sie in der Sonne trocknen lassen

Ein Kochbuch, das seit Generationen weitergegeben wird

Die Farbe Burgunder

Schöne Schuhe in Übergröße finden

Ein Boot mit einem durchsichtigen Boden zum Beobachten von Fischen

Über eine gläserne Brücke gehen

Hyazinthen

Einen Berg aus Kissen aufhäufen und sich hineinlegen

Wenn die Kinder die gleiche Augenfarbe haben wie man selbst

Eine Museumsausstellung über Dinosaurier

Sich Luft zufächern

Die Haare waschen

Ein Bild vom Garten malen

Der perfekte Gürtel

Zu Hause eine kleine Büroecke einrichten

Dass kein Fitnesscenter so toll ist wie die freie Natur

Eine Badewanne in Herzform

Kleine Barbiekleider

Unkonstruktive Kritik einfach ignorieren

Sich Neid nicht zu Herzen nehmen

Es als positives Zeichen werten, wenn man beneidet wird

Die Farbe Pfirsich

Frischluft

Über etwas reden, auch wenn man befürchtet, dass es niemand verstehen wird

Selbst Seife machen

Eine Party im Kasino

Mit Worten auszudrücken versuchen, was Worte nicht sagen können

Eine Hasenpfote als Glücksbringer

Eine alte Hose anprobieren und feststellen, dass sie zu groß ist

Blumen zeichnen

Eine Pinnwand in der Küche

Wenn auch der Vater in Elternzeit geht

Mit Kindern um die Welt reisen

Johannisbeerstreuselschnecken

Playmobil

Wenn die Trotzphase vorbei ist

Tolle Dinge auf dem Sperrmüll finden

Wenn die Urgroßeltern der Kinder noch leben

Einen Stammbaum anlegen

Die Müllabfuhr

An der Reling stehen

Eine Reise nach Tahiti

Die Artenvielfalt

Ein Frühlingsfest

Überbackener Blumenkohl mit Semmelbrösel

Auberginen

Löwenzahnspinat

Eine Reise nach Rio de Janeiro

Tiere in freier Wildbahn beobachten

Anhand der Wohnungseinrichtung auf den Charakter eines Menschen schließen

Eine Tagesdecke über dem Bett

Schmucksets für kleine Mädchen

Ayurveda

Mit einer Harley durch die USA fahren

Trampen

Ein Hut mit breitem, rotem Band

»Let her go« von Passenger

Landhausstil

Sich gegen Atomkraft einsetzen

Ein schüchternes Lächeln

Gegen Sexismus eintreten

Keine Prüfungsangst haben

Richter werden

Eine Reise nach Südamerika

Aus einem Albtraum aufwachen und erkennen, dass man in Sicherheit ist

Dass Popcorn bereits vor 6700 Jahren erfunden wurde

Auf etwas verzichten

Eine neue Sprache im Alltag anwenden können

Seine Freunde nicht vernachlässigen

Ein alter Röhrenfernseher

Mit einem TV Diversity eine Sendung ansehen und gleichzeitig eine andere aufzeichnen

Ein Faible für große Maschinen haben

Eine Reise nach Göteborg

Dass die Welt nicht untergeht, nur weil man glaubt, sie müsste es

»Ach du liebes Lieschen!«

»Felicità« von Albano und Romina Power

Eine eigene Reiseagentur gründen

»Jemandem ein Schnippchen schlagen«

Richtig gute Plätze in der Oper haben

Entzücken

Mit den Patenkindern einen Ausflug machen

Wenn einem nichts fehlt

Ein Augenblick der Liebe

Die Stille, bevor das Konzert beginnt

Den perfekten Tanzpartner finden

Ein indisches Curry nachkochen

Winzige Kleidung für Puppen

Auf das Sättigungsgefühl achten

Stempelkissen

Eine Party feiern und Tapas zubereiten

Wasserballett

Fotos mit Selbstauslöser machen

Viel Geld verdienen

Ein Halstuch mit Leopardenprint

Das »Oh wow«-Gefühl

Dass alles eine Frage der richtigen Technik ist

Anmut

»Ende gut, alles gut«

Das unglamouröse Leben

Körperbetonter Humor

Instagram

Dosenbier

Schmerzsalbe

Tischmanieren

In den Monaten ohne »r« im Namen barfuß gehen

Dass Schnee der bessere Regen ist

Getrocknete Tomaten

Einen Teller Spaghetti mit Basilikumblättern garnieren

Roulette spielen

Seifenblasen im Sonnenschein

Ein pinkfarbener Mantel

Ein Ritteressen auf einer Burg

Wenn die Kinder ihr Zimmer selbstständig aufräumen

Wenn eine Pflanze austreibt

In die eigene Zukunft investieren

Liebe auf den ersten Blick

Der Instinkt

Eine Wolke in Herzform

Ein Fleck, der aussieht wie ein Herz

Musik als Ausdruck der Seele

Guten Geschmack haben

Etwas erzählen, ohne von den Zuhörern unterbrochen zu werden

Interaktion

Sich als Hotelbetreiber mit den Gästen unterhalten

Dass das Dunkel immer dem Licht weicht

»Pack die Badehose ein« von Conny Froboess

»Alles neu« von Peter Fox

Ein Hotel leiten

Das Musical »Tanz der Vampire«

Neun

Babysitten

Dass die Liebe nie endet

Im Theater Platz nehmen

Sich neu orientieren, wenn die Kinder ausgezogen sind

Bei einer Tanzmeisterschaft gewinnen

Das Faible kleiner Mädchen für Rosa

Stempel

Eine Probefahrt mit einem Auto machen, das man sich gar nicht leisten kann

Wenn Heidelbeeren im Mund zerplatzen

Agavendicksaft als gesunde Alternative zu Zucker

Auf dem Balkon frühstücken

»Home, sweet home«

Kinderstars

Ein Filmfestival

Eine Reportage über den Regenwald

Feuchttücher

Ein Restaurant eröffnen

Schuhe mit Glitzersteinchen

Dass die Queen von England 30 Patenkinder hat

Einen ganzen Fuhrpark an Modellautos besitzen

In einem typischen amerikanischen Motel übernachten

Ein duftendes Spülmittel

Nicht immer nur brav sein

Eine depressive Phase überwinden

Wenn es unter dem Bett sauber ist

Eine Tube von hinten zusammenfalten, um den letzten Rest herauszubekommen

Einen guten Therapeuten finden

Ein Risiko eingehen

Nach der Arbeit nicht mehr an die Arbeit denken

»Essen ist fertig!«

Eine Reise nach Tarifa

Rappen

Einen Kochkurs bei einem Sternekoch absolvieren

Zurückverfolgen können, wie sich der Name der Familie über die Jahrhunderte verändert hat

Ein Kleidungsstück aus dem Urlaub mitbringen

Eine Wärmflasche bei Rückenschmerzen

Obstpüree

Melonen-Mango-Ananas-Smoothie

Die Segel setzen

Den Anker lichten

Dass etwa 16,5 Millionen Menschen an einem Tag Geburtstag haben

Dass man mit Fremden immer lauter spricht, als ob das beim Verständnis helfen würde

»Musik liegt in der Luft«

Vorhänge mit großflächigem Blumenmuster

Weiße Kaninchen

Spielzeugflugzeuge aus Holz

Sich aus einer ausweglosen Situation befreien

Auf Inlineskates durch den Supermarkt fahren

Einen Artikel problemlos umtauschen können

Sehr dichte Wimpern

Storyboards

Wenn Papa kocht

Farbige Flaschen als Vasen verwenden

Die weiche Innenseite eines Sweatshirts

Einen Auftrag in Rekordzeit erledigen

Wenn das eigene Restaurant in einer Liste von »Places to be« genannt wird

Als Unternehmer verlässliche Mitarbeiter finden

»Warum bin ich so fröhlich« von Alfred J. Kwak

»Einer für alle«

Sich vorstellen, später einmal selbst Kinder zu bekommen

Auf dem Balkon ein Buch lesen

Kurzfilme

Dass es einen Cocktail namens Shirley Temple gibt

Desinfektionslotion für die Hände für unterwegs

Wenn das gestohlene Fahrrad gefunden wird

Wenn die Gäste an der Tür die Schuhe ausziehen

Blinis backen

Wenn Kinder sich etwas ausdenken, um ein paar Euro zu verdienen

Kurse in kreativem Schreiben

Eine Oase

Eine erfrischende Brise

Dass das Mittelalter vorbei ist

Den perfekten Joggingpartner finden

Die Streiche, die man als Kind anderen gespielt hat

Wenn sich die Pupillen vergrößern

Ein breites Clowngrinsen

Etwas verbindlich zusagen

Neider ignorieren

Ein Zimmer in Pastelltönen streichen

Sich alles von der Seele reden

Als Croupier arbeiten

Auf dem Weg zum Kindergarten an jeder Baustelle stehenbleiben

Eine Reise nach San Sebastián

Synchronschwimmen

Ein Pullover mit Zickzackmuster

Ein bisschen Eitelkeit

Gesittet essen

Ein Arbeitsplatz mit tollen Benefits

Sich über einen Hypochonder lustig machen

Eine Reise in die Provence

Eine Reise in die Normandie

Ein Pflaster ganz schnell abreißen

Wenn jemand essen kann, was er will, ohne zuzunehmen

Weltenbummler

Kindergartenkinder um ihre Sorglosigkeit beneiden

Ein geregeltes Einkommen haben

Tick, Trick und Track

Aus einer vertrackten Situation entkommen

Frauen in Spitzenpositionen

Nicht gleich beleidigt sein

Ein Kleinstadthaus mit Garten

In Gedanken »Was wäre, wenn« spielen

Zuerst das Schlusslicht sein und dann doch noch gewinnen

Den Garten umgestalten

Weiche Erde schaufeln

Eine Pizza so belegen, dass ein Gesicht entsteht

Eine Haarsträhne zwirbeln

Wenn Frauen sich beim Flirten in die Haare fassen

Im Winter mehr Hunger haben als im Sommer

In Leidenschaft entflammt sein

»Feuer und Flamme für etwas sein«

Bei einem Luftsprung die Hacken zusammenschlagen

Ein guter Hauswein

Dass in Italien manche Bäckereien aussehen wie alte Apotheken

Brillanten

Wie Köche durch die Küche tanzen

Andere Menschen glücklich machen

Eine gusseiserne Pfanne

Eine Reise nach Dublin

Auf dem Schrottplatz legal ein Auto zertrümmern, um Aggressionen abzubauen

Melancholische Musik

Ein Duschkopf, der gleichzeitig ein Lautsprecher ist

Knobeln

Die Naturgesetze

Der Lieblingsband auf ihrer Tour nachfahren

Hörbücher für Kinder

»Für dich nur das Beste«

Karnevalsmasken selbst basteln

Die Urzeitkrebse

Winterliche Familienabende bei Kerzenlicht

Im Advent gemeinsam singen und musizieren

Ein Lebkuchenherz an die Wand hängen

Warten, bis der andere ausgesprochen hat

Aus einer abgelegten Krawatte eine Schlange zum Spielen basteln

Dass Kinder sich die Augen zuhalten, wenn sie sich verstecken wollen

Alles, was gegen Stress hilft

Die Arbeitsstunden reduzieren, um mehr Zeit für die Familie zu haben

Glasierte Birnenspalten mit Walnüssen

Earl-Grey-Bowle

Zitronenmarmelade

Orangen-Chutney

Brioches

Quinoa

In den Bayerischen Wald fahren

Interkulturelles Lernen

Quereinsteiger

Mädchen, die nicht pinkfarben angezogen sind

Das Ungewöhnliche

Der Ausnahmezustand

Milchkühe

Alles, was man niemals hergeben würde

Hibiskus

Die Marina

Pistazienkuchen

»Alle heiligen Zeiten«

Domino spielen

Dass ein Akt der Freundlichkeit nie vergebens ist

Wenn die Sonne plötzlich rauskommt und man die Sonnenbrille in der Tasche hat

Einen Einbrecher stellen

Bei der Polizei arbeiten wollen und aufgenommen werden

Sich hinter einem großen Hut und einer großen Sonnenbrille verstecken

Handschuhe mit Bommeln

Mützen mit Bommeln

Den richtigen Film für das erste Date im Kino ausgesucht haben

Weißes Porzellan mit kleinen bunten Punkten

»Vorfreude ist die schönste Freude«

Wenn der Partner pünktlich nach Hause kommt

Eine Schlange freier Taxis am Bahnhof

»Das Eisen schmieden, solange es heiß ist«

Honig und Butter auf dem Brot zu einer goldenen Paste vermischen

Taktgefühl

Baileys selbst machen

Baseball spielen

Eine Kindermusikgruppe leiten

Nachmittage

Schaukeln aus alten Reifen basteln

Noch ein PS hinzufügen

Ein dicker Mantel, der schön warm hält

Im ganzen Haus Familienfotos aufhängen

An der Wand markieren, wie die Kinder wachsen

Die Faszination von Piranhas

»Das hat sich wirklich ausgezahlt«

Die schmerzenden Glieder strecken

Die Vor- und Nachteile an einer Sache erkennen

Wenn eine Scheidung kein Rosenkrieg ist

Der individuelle Fingerabdruck

Einen Bilderrahmen basteln

Eine Muschelkette

Witze über die Unterschiede zwischen Männern und Frauen

Knallrote Haare

In einem Hochhaus ganz oben aus dem Fenster sehen

Sich revanchieren

Den Durst löschen

Kleine Autos, die man zurückzieht und loslässt, sodass sie von selbst fahren

Querlesen

Mit den Augen einen Text scannen und die wichtigsten Infos sofort erfassen

Hefe

Die Weisheit kleiner Kinder

Mit Linolschnitt arbeiten

Eine gute Arbeitsatmosphäre im Büro

Jeden Tag gemeinsam mit den Kollegen mittagessen gehen

Sich nicht mit einem grassierenden Virus anstecken

Wenn eine Spinne von selbst aus dem Fenster krabbelt

Mit Kohle zeichnen

Die international anerkannte Bedeutung einer weißen Flagge

Ohrstecker in der Form von Blumen

Wenn einem jemand hilft, den Kinderwagen die Stufen hinaufzutragen

In einem Chat mit jemandem flirten

Eine Saisonkarte fürs Freibad

Ein entspanntes Treffen mit dem Expartner

Steine in Herzform

10 000 Dinge kennen, die glücklich machen

Mit einer Pinzette einen Schiefer entfernen

Dass kleine Jungs davon träumen, Feuerwehrmann zu werden

Ein Lied summen

Mitglied bei der Feuerwehr sein

Der Feuerwehrmänner-Kalender

Eine rasche Auffassungsgabe

Beim Sex das Licht anlassen

Jemanden im Krankenhaus besuchen

Die alte Kunst des Stickens

Kleine Karnevaloveralls für Babys

Wenn Kleinkinder sich ein Bussi geben

Das Schnattern der Waschweiber

Ein Wort nachschlagen, das man nicht kennt

Präventivmaßnahmen

Langlebigkeit

Die Farbe, die einem am besten steht

Passionsfrüchte

Wenn es im Bad dampft

Tinte, die duftet

Einen Kussmund auf Papier drücken

Weniger tun und mehr erreichen

Die Glut

Fünf verschiedene Kuchen bei einer Geburtstagsparty

Babys am Strand

Koi-Karpfen

Zeit zum Entspannen einplanen

Sich im Hintergrund halten

Sich die Zeit nehmen, jemanden zu loben

Pfeffersoße

Briefumschläge, die man nicht ablecken muss, weil sie von selbst kleben

Sich mindestens dreimal am Tag umarmen

Ein Arrangement, mit dem alle Beteiligten zufrieden sind

Wenn die eigene Lieblingsfarbe die Modefarbe des Sommers ist

Wie eine Katzenzunge sich anfühlt

Ofenkartoffeln in Alufolie backen

Einen Auftritt haben

Der Friedensnobelpreis

Ein Geldschein mit einer Telefonnummer

So richtig einen draufmachen

Dass man mit einem E-Reader keine Leselampe mehr braucht

Schlauchschals namens Loop

Politische Karikaturen

Filmvorschauen

Ein altes Vokabelheft aus Schulzeiten

Ein kleiner Junge, der in die Arme seiner Mutter läuft

Pizza Calzone

Kleine Taschentuchpäckchen für die Handtasche

Drei Filme nacheinander ansehen

Die Mächtigkeit eines Gletschers

3-D-Filme

Eine Himbeerroulade

Satinsäckchen mit Lavendel füllen und in den Schuhschrank legen

Ein langer Zopf

Abends im Bett den Tag Revue passieren lassen und nur das Positive herauspicken

Eine liebe Botschaft in der Lunchbox verstecken

Ein Großmutternachthemd

Eine Belohnung bekommen

Eine Show am Broadway ansehen

»Herz ist Trumpf«

Ölgemälde

Die Namen der wichtigsten Politiker des Landes kennen

Ein Wanderpokal

Den neuen Dampfgarer ausprobieren

Haute Couture

Lakritzstangen

»Die besten Dinge im Leben sind kostenlos«

Am 29. Februar heiraten

Falafel

Stretchhosen

Sich im Stil der Jahrhundertwende fotografieren lassen

Urlaubsgeld und Weihnachtsgeld bekommen

Bananensaft

»Alles wird gut!«

Alles, was so klein ist, dass man es mit einem Bissen essen kann

Sonnenlicht, das auf nackter Haut tanzt

Die Jubelschreie der Sieger

Das alte »Meine Freunde«-Buch aus der Kindheit

Salatschüsselchen aus Glas

Noch einmal 50 Prozent Rabatt auf bereits reduzierte Ware

Eine gemütliche Wohnlandschaft

Bilder von Tieren mit Sonnenbrillen

Neue weiße Tennisschuhe

Einen Aperitif trinken

Aperol Spritz

Handschellen mit Plüsch

Ein Wahlergebnis vorhersagen

Ein klassisches Konzert mit internationalen Gaststars

Kakao

An einem Tag der Woche kein Fleisch essen

Wrestling

Familientraditionen einführen

Einen Bus mieten

Bücher in Großdruck

Naschen

Sich nach dem Sonnenbaden im Pool abkühlen

Mit einem guten Gefühl in den Tag starten

Ein guter Pianist in der Hotelbar

Kokosnusscreme

Am Pier spazieren gehen

Eine Tortenschlacht

Sich selbst als glücklichen Menschen bezeichnen

Dass weniger manchmal wirklich mehr ist

Immer ein Buch in der Handtasche haben

Milchreis mit Rosinen und Zimt

Jemandem eine zweite Chance geben

Heiße Schokolade mit der perfekten cremigen Textur

Werbung für Katzenfutter

Babypuder

Das Unterbewusstsein

»Jeder Moment zählt«

Freie Liebe

Eine Party, zu der jeder etwas zu essen mitbringt

Jemand, der sich mit Computern auskennt

Fantasy

Cafés am Hafen

Amaretto

Fabergé-Eier

Das Mysterium der Yetis

Understatement

Chinohosen in leuchtenden Farben

Glauben, dass man alles schaffen kann

Vater-Mutter-Kind spielen

Die Farrah-Fawcett-Haarmähne

Aus dem Flugzeugfenster in den Sternenhimmel schauen

Eine hilfreiche Liste mit FAQ

Die Jugendsprache

Saphire

Nudelsalat mit Schafskäse und Dill

Couscous

»Das hab ich selbst gemacht«

Boxen aus Bambus

Zitronenmousse

Ingwermuffins

Doppeldeckerbusse in London

Kreative Menschen

Jeder, der das Beste aus dem macht, was er hat

Dünne, knusprige Brotscheiben

»Vier gewinnt« spielen

»Kringelchen und Kreuzchen« spielen

Sich nicht länger selbst im Weg stehen

Die Pubertät überstehen

Die passende Buchempfehlung

Kinderzeichnungen am Kühlschrank

Die wilden Zeiten genießen, bevor sie vorbei sind

Ein Laden, in dem es nur Schönheitsprodukte gibt

»Es gibt keine Zufälle«

Sich einen Ruck geben

Den anderen das letzte Wort haben lassen

Wasserfeste Stifte

Jemand, der einem die Tränen fortküsst

Basketball spielen

Sich für einen besonderen Anlass richtig schick machen

Die abgerissenen Kinokarten der Filme, die man gesehen hat, aufbewahren

Sherry

Dass man Socken nicht anprobieren muss, um zu wissen, dass sie passen

Eine Grapefruit zum Frühstück

Bewundernde Blicke

Kandierte Äpfel

Über sich hinauswachsen

Sich der täglichen kleinen Wunder bewusst werden

Mit offenem Verdeck fahren

Der perfekte Mann für laue Sommernächte

Bloggen

Den Verschluss einer Halskette reparieren

Rollmops

Für das Haustier kochen

Am See entlangjoggen

Sich selbst auf einem Foto in der Zeitung entdecken

Das Geräusch der Waschmaschine im Schleudergang

Mit den Augen lächeln

Mit dem ganzen Gesicht lächeln

Weit ausgebreitete Arme und ein strahlendes Gesicht

Die Erfindung des Radios

Schlafenszeit

Sich unter Wasser küssen

Sex im Whirlpool

Miniatur-Cornflakespackungen im Hotel

Wenn die Wäsche in der Sonne noch am selben Tag trocknet

Wenn man nichts zu essen im Haus hat und zum Frühstück eingeladen wird

Sich nicht dauernd für alles zu entschuldigen

Ein Muff

Ohrwärmer aus Plüsch

Seersucker

Das besondere Licht auf einem Dachboden mit Fenstern

Etwas schwören

Sich selbst die Haare schneiden

Im Wohnzimmer tanzen üben

Gewichtige Wörter

In der Bibliothek lernen

Ein Kartoffelstampfer

Eine Fotobox bei der Hochzeit aufstellen, wo die Gäste Selbstporträts machen können

Ein Stirnband mit Bommeln

Die perfekte schwarze Jeans

Fusselfreiheit

Die Ehrlichkeit von Kindern

Der Großeinkauf am Wochenende

Aus Neugier neue Produkte im Supermarkt kaufen

Die Lieblingszitate aus Filmen und Büchern

Ein Hochzeitsauto mit Heliumballons füllen

Sport-BHs

Sherpas

Ein guter Spamfilter

Den Vorsitz innehaben

Den Motorradführerschein machen

Mit einem Quad durch den Sand fahren

Ein riesengroßes altmodisches Hochzeitskleid

Holzperlen auffädeln

Perlarmbänder weben

Die Hände auf den Tisch und den Kopf darauf legen, um zu dösen

Regen, wenn man ohnehin nicht raus will

Einen Trockenraum für die Wäsche haben

Edler Schnaps

Den früheren Lieblingslehrer zufällig treffen

Liebes-SMS

Neue fluffige Handtücher kaufen

Alles, was nicht viel kostet

Sich selbst immer weiter verbessern

Eine Strubbelfrisur

Die Früchtevielfalt im Sommer

Daumen hoch

Alles zur Hand haben, was man braucht

Merken, dass jemand sich bemüht

Eine Stunde am Tag für sich haben

Papa-Kind-Urlaub

Die schnellste Zeit, die man je gelaufen ist

Eine klassische Lounge mit abgewetzten Ledersesseln

Für einen privaten Wettbewerb bunte Medaillen basteln

Ein Schaukasten voller Medaillen

Chinesische Tässchen ohne Henkel

Eine gute Verteidigung

Eine Klippenwanderung

Nur mit positiven Gefühlen in die Vergangenheit sehen

Vertraute Gerüchte

Sexy Musik

Eine Leseliste

Ein sauberer Strand

Eine Slackline zwischen zwei Bäumen im Garten spannen

Jemandem das letzte Stück Kuchen aufheben

Sich fragen, ob etwas wirklich nötig ist

Der Glamour der Hollywoodstars

Das Laufrad im Wohnzimmer benutzen

Herzen aus Zartbitterschokolade mit Karamellfüllung

Mohnstrudel

Wenn Grenzen aufgehoben werden und Mauern fallen

Soft Skills

Dem Schwarm heimlich eine unsignierte Liebesbotschaft schicken

Vom Land in die Stadt ziehen

Jemandem zeigen, wie schön das Leben sein kann

Der persönliche Lifestyle

Gewicht verlieren

Im Herzen jung bleiben

Den ganzen Mund voll Tiramisu haben

Schon früh schlafen gehen

Jeden Tag ein bisschen glücklicher aufwachen

Verkaufsautomaten

Ein Regenponcho

Frisch geduscht sein

Mehrfarbiges Haar

Die neue Herbstmode

Onyx

Alles, ohne das man nicht leben kann

Urlaubsmusik

Vor dem Kauf einer CD Musikproben anhören

Wenn die Liebe erwidert wird

Ein Mix aus Erdnüssen und Rosinen

Wenn nicht nur Rechnungen im Briefkasten liegen

Alles, was angemessen ist

Ein Steak für zwei

Scharade spielen

Seinen Standpunkt klarmachen

Ein Wochenende allein mit der Katze

Schuhspanner

Nach einem langen Tag unbeweglich auf der Couch liegen

Nachdenklich in die Luft schauen

Traditionelle Blasmusik

Wenn etwas genauso gut schmeckt, wie es aussieht

Duftprodukte gegen Körpergeruch

Pay-TV

Kindern beim Eislaufen zusehen

Ein roter Bikini

In einem Helikopter über New York fliegen

Versuchen, sich die Größe des Universums vorzustellen

Neue Entdeckungen

Gerade noch rechtzeitig eintreffen

Eine Reise nach Kalifornien

Die Idee, die das Leben für immer verändert

Das Zwinkern von »Bezaubernde Jeannie«

Eine ausverkaufte Sporthalle

Figurformende Unterwäsche

Ein Befreiungsschlag

Als Sängerin mit einem großen Orchester auftreten

Den 90. Geburtstag feiern

Die Volljährigkeit

Die Legende von Casanova

Amerikanische Erfolgstorys nach dem Prinzip »vom Tellerwäscher zum Millionär«

Eine Kämpfernatur sein

Eine Trash-Horror-Komödie

Ein erhöhter Puls

Wenn harte Arbeit belohnt wird

Moral und Anstand

»Treu wie Gold«

»Typisch Frau«

Ein echtes Wiener Schnitzel

Zeitschriften für Kinder

Tabuwörter aussprechen

Nicht die Flinte ins Korn werfen

Eine disziplinierte Diskussion

Der Irrsinn von Talkshows

Ein tolles Musikvideo

Ein Hype

Kronprinzessinnen

Einfach nur nett sein

Willenskraft

Repräsentative Aufgaben

Kampfgeist

Wie ein VIP-Kunde behandelt werden

Um die große Liebe kämpfen

Ein Konzert in einem Park

Engagierte Sozialarbeiter

Vogelnester

Sommerhäuser

Sich immer die Zeit nehmen, zu lachen

Rote Zwiebeln

Einen Wanderurlaub planen

Etwas »wie im Schlaf« können

Aus Aberglaube ein Lernbuch unter das Kopfkissen legen

Ein Picknick in einem botanischen Garten

Seine Lebensziele erreichen

Etwas aus seinem Leben machen, obwohl die Startbedingungen nicht gut sind

Sich durchbeißen

Erfolgsgeschichten lesen

Sicher sein, dass man einmal ein Star wird

Wenn die Massen jemanden feiern

Einen Vertrag bei einem Plattenlabel bekommen

Improvisationstheater

Eine exzellente Performance

Platin

Eine goldene Schallplatte bekommen

Fernsehshows der 1960er-Jahre

Eine gute Bewertung für ein Hotel oder ein Restaurant abgeben

Alles, was motiviert

Sich vorstellen, man könnte sich an einen anderen Ort beamen

Kein Workaholic sein

Paprikachips

Das perfekte Haarspray

Einen ganzen Becher Eis essen

Mit den Kindern einen Märchenpark besuchen

Eine Gitarre stimmen

Das Klavier stimmen

Alles, was zeitlos ist

Ein Mitmach-Move im Internet

Eine Pferdekutsche lenken

Muttermilch

Auf sich allein gestellt sein und sich durchsetzen

Ein Sprungbrett

Trampolinspringen

Ein Trampolin im Garten

Wenn die Abrechnung stimmt

Die Jury von sich überzeugen

Superkleber

Kronkorken sammeln

Eine innovative Idee

Ein Getränkeautomat

Unergründlichkeit

Ein glamouröses Leben

Eine Jacht kaufen

Eine Show moderieren

Schlossherr sein

Kammermusik

Vor dem Bankrott bewahrt werden

Wenn Männer Frauenkleider tragen

Als Sexbombe bezeichnet werden

Hingabe

Selbstbedienung im Biergarten

Wenn Papa Pfeife raucht

Der Lieblingstee

Ein Wandteppich

Zur Arbeit gebracht und wieder abgeholt werden

Jemandem eine Blume aufs Kopfkissen legen

Fluffiges Kartoffelpüree

Das Herz

Eiskaltes Wasser

Holzlöffel

Raffinierte Tricks

Dass sich eine Niederlage manchmal als Sieg herausstellt

Kellner in Uniformen

Helles und dunkles Nugat in Schichten

Ein Alarmknopf

Ein Problem gemeinsam lösen

Alles, was lebensnotwendig ist

Ein altes Kofferradio

Die lange Nacht der Museen

Ein Vollbart

Eine Statistenrolle in einem Kinofilm bekommen

Ein Maskottchen

Die Schlaflosigkeit besiegen

Den Schaden gering halten

Ein beflügelndes Gefühl

Raumduft

Mit einem Gummiball hüpfen

Beim Eishockey ein Tor schießen

Das Versprechen, sich wiederzusehen

Den ganzen Mund voller Schokolade haben

Die glitzernde Kleidung von Tanzprofis

Sein Herz öffnen

Verschiedenheit

Kaltes Wasser über die Handgelenke laufen lassen, wenn einem heiß ist

Privatsender

Dolby Surround

Das Essen bestellen und sich schon darauf freuen

Ein altertümlicher Knicks

In einen Flaschenhals blasen, um einen Ton zu erzeugen

Mit jemandem ein Team bilden

Ein Hochgenuss

Jemanden vermissen

Dass ein bisschen Distanz manchmal mehr Nähe schafft

Ein Rätselheft

Ein Leihauto bekommen, während das eigene Auto in der Werkstatt ist

Alles, was man gemeinsam machen kann

Eine Wohnzimmerdecke aus Holz

Eine indische Hochzeit

Auf den Dachboden gehen und beschließen, mindestens zehn Dinge wegzuwerfen

Sich endlich von all dem überflüssigen Ballast trennen

Zahnstocher

Wenn die Scheibenwischer im Takt mit der Musik sind

Perfektion

Eine Unterwasserkamera

Erotik

HDTV

Die Schreie der Leute, die mit der Achterbahn fahren

Gähnen

»Ich liebe das!«

Unsichtbare Tinte

Dass es den menschlichen Humor gibt

Fischsuppe

Blonde Männer

Sich von der Seele schreiben, was einen belastet

Laut und deutlich sprechen

Ein Schlafzimmer mit Fenster

Die Vielseitigkeit von Wasser

Pasta mit Pilzen und Sahne

Ein Schulbus

Kinder zum Lesen animieren

Gras

Ein Ruderboot, das auch einen Motor hat

Ein Ei schälen

Das perfekte Paar

Einen Laubhaufen verbrennen

Eine Grapefruit mit Ahornsirup

Das Licht in der Toskana

Sich lebendig fühlen

Akupunktur

Musik für Kinofilme komponieren

Den Ton angeben

Dass alle vier Sekunden ein Clip auf YouTube hochgeladen wird

Geld in die Kasse spielen

Den Sprung in die Top Ten schaffen

Nach dem Besten streben

Baggy Pants

Starke Emotionen

Einen Triumph an den nächsten reihen

Einen Korb flechten

Pizza mit Spargel

Wenn aus einem gemütlichen Abend plötzlich eine super Party wird

Sich einen neuen Freundeskreis aufbauen

Einen Teddy knuddeln

Sich an das erinnern, was man gelernt hat

Eine Reise nach Argentinien

Der perfekte Liebhaber

Ein Ritterschlag

Die Golden-Globe-Verleihung

Sich wie der König der Welt fühlen

Kooperationsbereitschaft

Einen internationalen Ruf genießen

Brahms

Der Moonwalk

Ein Markenzeichen haben

Lebende Legenden

Nicht um den heißen Brei herumreden

Die Mischung aus Neugier und Faszination

Eine überdimensional große Halskette

Madonna

Etwas als »groovy« bezeichnen

Unsterbliche Legenden

Nach einem Verlust von vorn beginnen

Sich in der Politik auskennen

Wenn die Musik so laut ist, dass man sich nicht mehr unterhalten kann

Eine Karnevalsbrille mit Scheibenwischern

Die Karnevalsausstattung aus dem Keller holen

Wenn ein Artikel gut recherchiert ist

Wertvolle Informationen

Alles, was man geben kann

Das Einspielergebnis eines Films

Eine ganze Packung Kekse auf einmal aufessen

Jetzt hier sein

Selbst gemachtes Junkfood

Ein guter Elektriker

Pochierte Eier

Mit einem Dinghy fahren

In einem Möbelhaus alles bekommen, was man braucht

Schlussverkauf im Möbelhaus, wenn man gerade umzieht

Baby-Armbändchen mit dem Namen

Gyros

Mit der Handykamera einen Film drehen

Einen Feuerlöscher zu Hause haben

Die Urlaubstage aufbrauchen, die man angesammelt hat

Etwas in jemandem sehen, das niemand sonst erkennt

Anrufbeantworter

Ringe mit eingravierten persönlichen Worten

Nicht zu lang warten

Ein Tanzmarathon

Ein Haus besitzen

Eine Hochzeitseinladung designen

So müde sein, dass man sich kaum noch auf den Beinen halten kann, und endlich ins Bett fallen

Apfel-Johannisbeer-Saft

Als Erster am Buffet sein

Der letzte Arbeitstag

Ein Reitstall

Die Kleider nach der Farbe ordnen

Drehtüren

Eine frei stehende Badewanne

Blumensamen

Emoticons

Die Legende vom Trojanischen Pferd

»Ich bin glücklich«

Ein Pokerturnier gewinnen

Eine Papstwahl

Eine Großfamilie

Ein Popensemble

Alles, was märchenhaft ist

Kitschige Musik

Skifliegen

Ein Überraschungserfolg

»Aller Anlauf ist schwer«

Die perfekte Marinade

Wenn jemand nicht lügen kann

Bibliophilie

Auf einem Hausboot wohnen

Weltcupsieger werden

Ein offenes Gespräch mit den Eltern führen

»Das ist eine Goldgrube«

CDs zum Lernen einer Fremdsprache

Das erste Semester an der Uni

»Es ist nicht das Ende, sondern der Anfang«

Der Höhepunkt der Karriere

Ein Verdienstorden

Geehrt werden

»Hunger ist der beste Koch«

Der Schritt aus der Unscheinbarkeit

Mit seinen Reizen nicht geizen

Der Extrakuss

Das Versprechen der Morgendämmerung

Durchsetzungsvermögen

Mit Farben experimentieren

Apfelblüten

Unmissverständliche Ausdrücke

Auf sich aufmerksam machen

Laktosefreie Produkte

Den Drucker reparieren

Wenn der Partner auch der beste Freund ist

»Am Ende wird alles gut, und wenn es nicht gut ist, ist es nicht das Ende«